KB273204

허영만과 떠나는
오토 캠핑

허영만과 떠나는 오토 캠핑
캐나다 로키 트레킹

초판 1쇄 인쇄   2013년 6월 5일
초판 1쇄 발행   2013년 6월 12일

지은이   허영만 · 이남기
펴낸이   신민식

책임편집   김미란 · 경정은
본문디자인 전아름
마케팅   계소영
경영관리   김경희

펴낸곳   가디언
출판등록   2010년 4월 27일
주소   서울시 마포구 서교동 394-66 동우빌딩 3층
전화   02-332-4103 (마케팅) 02-332-4104 (편집실)
팩스   02-332-0411
인쇄 · 제본   (주)상지사 P&B   종이   월드페이퍼(주)

ISBN 978-89-94909-35-6 13690

* 책값은 뒤표지에 있습니다.
* 잘못된 책은 바꿔드립니다.
* 이 책의 전부 또는 일부 내용을 재사용하려면 사전에 가디언의 동의를 받아야 합니다.

「이 도서의 국립중앙도서관 출판시도서목록(CIP)은 서지정보유통지원시스템 홈페이지(http://seoji.nl.go.kr)와
국가자료공동목록시스템(http://www.nl.go.kr/kolisnet)에서 이용하실 수 있습니다.(CIP제어번호: CIP2013006616)」

AUTO *camping*

허영만과 떠나는
오토 캠핑

캐나다 로키 트레킹

허영만 · 이남기 지음

가디언

내가 캠핑을 고집하는 이유

캐나다까지 가서 주야장천 산에 오르고, 뉴질랜드까지 가서 캠퍼밴에서 숙식을 해결하고, 갖은 고생 다하며 굳이 요트로 우리 바다와 섬을 헤집고 다니는 것을 보고 친구들은 타박과 핀잔을 준다. 그 정도로 돈도 벌고 명예도 얻었으면 이제 특급호텔 룸서비스를 받는 편안한 여행을 할 때도 되지 않았느냐는 것이다. 그러면 나는 지지 않고 응수한다. "예끼, 이 사람들아! 별 수백만 개짜리 호텔을 놔두고 무엇하러 고작 별 일곱 개짜리에서 잠을 자냐?"

내가 야영의 매력에 빠진 지도 어언 20년이 되었다. 처음에는 웃지 못할 해프닝도 많았다. 한번은 밤늦게 정신없이 텐트를 치고 잤는데 아침에 시끄러워서 일어나 보니 바로 옆으로 자동차들이 경적을 울리며 달리고 있었다. 비포장 대로변에 텐트를 친 것이다. 또 한번은 한밤중에 자꾸 누가 텐트를 건드리는 바람에 무서워(?) 밤새 잠을 못 잤던 기억도 있다. 그 후로는 늘 아내를 동반했다.

지금까지 나는 집단가출을 모의하여 트레킹을 하고 캠퍼밴, 요트, 자전거를 타고 백두대간 종주부터 캐나다, 뉴질랜드, 네팔, 아프리카, 일본, 조지아, 보르네오 등 배낭과 약간의 장비에 의지해 산과 바다를 가리지 않고 돌아다녔다. 나는 좋은 산을 보면 그 품에 안겨보고 싶고, 멋진 바다를 보면 몸을 던지고 싶다. 단순히 눈으로 보는 것만으로는 실제 가치의 10퍼센트도 제대로 흡수할 수 없다. 나무와 풀과 흙의 향기를 이불 삼아 덮고, 새소리 바람소리 파도소리를 자장가처럼 들으며 자연의 그 속살 중심부에 내 몸을 파묻는다.

만약 내가 친구들의 말처럼 가이드를 따라다니며 유명관광지에서 사진 찍는 여행만 했더라면 내 모습은 외모뿐만 아니라 마음까지 지금보다 훨씬 늙어 있을 것이다. 자연과 어울린 덕분에 나는 만년 청년일 수 있었다. 더불어 속세에서는 절대로 사귈 수 없는 젊은 친구들까지 덤으로 얻었으니 '꿩 먹고 알 먹고'라는 속담이 이를 두고 생긴 말일 터이다. 이 나이에 40대 친구도 감지덕지인데 30대 형과 20대 언니와 어울릴 수 있다니 얼마나 감사한 일인가? 덕분에 내 만화 역시 긴 젊음을 유지할 수 있었다. 이것이 내게는 최상의 에너지원인 동시에 최고의 힐링인 셈이다.

대개의 경우 집단가출 모의는 가는 장소마다 새로운 사람들이 모여 순식간에 이루어지곤 한다. 그렇게 하여 적게는 한 달, 많게는 2년의 시간을 함께 보내며 동고동락하는데 한 번도 찡그리거나 다툰 적이 없다면 믿을 수 있을까? 우리 모두 서로를 좋아하고 신뢰한 것도 있지만 대자연은 우리에게 매순간 살아 펄떡이는 생동감과 황홀한 감동을 선사하며, 그 순간 옆에 있어준 동료와 친구들에게 진심으로 감사하는 마음을 갖게 해주었다. 늘 느끼는 것이지만 캠핑(야영)은 혼자 하는 것이 아니다.

요즈음 세 편의 만화를 동시에 연재하느라 눈코 뜰 새 없이
바쁜 와중에도 마음은 또 들썩인다. 혹 허름한 술집에서 나를
포함한 몇 명이 작당하고 있는 모습을 보거든 '저 양반이 또 집
단가출하려고 모의하나 보다' 하고 못 본 척해주기를 바란다.
생각만으로도 벌써 행복해지려고 한다.

허영만

* 돌아오지 않는 것은 '가출'이 아니라 '탈출'이다. 그렇기에 우
리는 팍팍한 일상을 떠나 시도 때도 없이 '가출'을 시도한다.
마음 맞는 사람들과 갈 곳을 정하고 떼 지어 가출하면, 이른
바 '집단가출'이 된다.

캐나다 로키로
당신을 초대합니다!

여기 서로 좋아서 죽고 못 사는 사람들이 있다. 가족도 아니고 흔히 말하는 불알친구도 아니다. 학연이나 지연이 섞인 것도 아니다. 직업도 다르고 나이도 다르다. 지적 수준도 천차만별이다. 예를 들어 한 사람이 토플러의 《부의 미래》 같은 묵직한 인문서적을 읽고 있으면 다른 사람은 그 옆에서 《드래곤볼》 같은 만화책을 보며 낄낄거린다.

그런데 이들이 딱 한 가지 공통적으로 좋아하는 것이 있다. 바로 '산'이다. 이들은 각자 볼일을 보며 바쁘게 살다가도 어디선가 "산에 가자."라는 말만 들리면 만사를 제쳐놓고 달려온다. 매달 한두 번씩 그렇게 산에 오른 세월이 근 10년이 다 되어간다. 그사이에 백두대간 등허리를 완전히 종주하였고, 한라산까지 오르고 나니 국내에서는 더 이상 오를 산이 없었다. 그래서 유럽 최고봉인 엘부르즈도 가고 오세아니아 최고봉인 칼스텐츠도 갔다 왔다. 얼떨결에 히말라야의 에베레스트와 안나푸르나까지 다녀오고 말았다.

사람들은 이들이 전문 산악인 그룹이냐고 묻는다. 저런, 말도 안 되는 소리. 아직도 등산을 소 밭 가는 것보다도 천천히 걷기로 알고 있고, 힘들면 '에라, 모르겠다.'며 주저앉아버리고,

정상에 오르는 것보다는 젯밥에, 밥 먹고 술 먹고 별 보며 야영하는 재미에 더 관심이 많은 느긋한 산꾼들일 뿐인걸.

어쨌든 사람들은 언젠가부터 우리를 '허패'라고 부르게 되었다. 《타짜》, 《식객》 등으로 잘 알려진 허영만 화백이 우리 패거리의 대장이기 때문이다. 대장 밑으로는 맏형이 있고, 그 밑으로 여러 동생들이 있다. 그리고 부려먹기 좋은 똘마니들이 쪼르륵 있다. 여성 동지들도 몇몇 있는데, 그렇다고 여자 대우를 해 주는 것은 아니다. 산에 오르는 것은 신이 나면서도 육체적으로 힘든 일이기 때문에 여자라고 민폐를 끼쳐서는 안 된다. 그래서 허패의 여성 동지들은 대한민국 평균 여성들에 비해 엄청 '개념 있고' 터프하다.

이제 또 무슨 산을 올라볼까? 킬리만자로? 매킨리? 아콩가과? 멤버들이 험한 산의 이름들을 들먹이고 있을 때 허 대장이 말했다. "아이쿠, 거긴 너무 힘들잖아. 좀 편한 데로 가자." 에베레스트를 다녀온 지 얼마 안 된 때여서인지 허 대장이 몸을 사린다.

"그렇다면 로키로 오세요!" 나는 소리쳤다. 멤버들은 "엥, 웬 로키?"라며 황당하다는 반응을 보였다.

나는 현재 캐나다에 살고 있다. 그래서 다른 멤버들에 비해 허패의 산행에 자주 동참하지 못한다. 캐나다의 느리고 평화로운 삶에 대충 만족하며 살고 있지만, 가끔은 빠르고 어수선한 한국 분위기가 그리워질 때가 있다. 특히 사람이 그립다. 왁자지껄 떠들고 흉허물 없이 대화할 친구가 필요하다.

나는 허패 서열 5, 6위 정도를 차지하고 있기에, 일단 대장과

맏형만 잘 설득하면 다른 멤버들이야 당연히 따라올 것이라고
생각했다. 그리고 나는 로키가 얼마나 매력적인 곳인지 장황하
게 설명했다. 자연 하면 캐나다, 캐나다 하면 자연이 아니던가.
300만 개가 넘는 호수, 100만 개가 넘는 크고 작은 산, 게다가
로키의 독특한 자연은 숲이 우거진 산에서부터 민둥산, 암벽산,
빙하산 등 다양한 표정을 선사한다.

"미국 로키가 아름답다고요? 천만에요. 로키는 뭐니 뭐니 해
도 캐나다입니다! 브리트니 스피어스도 외국에 가야 할 일이 있
다면 캐나다 로키에 간다고 말한걸요?"

음음, 대장이 브리트니 스피어스가 누군지 알까? 언젠가 연
예프로에서 들은 말을 챙겨두었다 써먹은 것이다. 아무튼 드디
어 대장의 입에서 "그래, 그럼 로키로 가볼까."라는 승낙이 떨
어졌다. 야호!

이렇게 하여 우리의 캐나다 여행은 시작되었다. 밴쿠버에서
시작해 동으로 동으로 달려 마침내 총 1,500km에 달하는 로키
의 척추를 꾹꾹 밟기로 한 것이다. 단, 이 여행에는 규칙이 있
다. 명색이 터프한 산악여행인 만큼 잠은 꼭 텐트에서 자야 한
다는 것. 그리고 여행 경비를 아끼기 위해 밥은 꼭 해먹어야 한
다는 것(사실은 서양음식을 못 먹는 대장이 똘마니들로 하여금 하얀
쌀밥을 짓게 하려고 꾸며낸 음모였다)!

캐나다 로키 여행을 결정하던 그날, 우리는 허패 멤버가 주
인장으로 있는 종로 인사동의 한 주점에서 기분 좋게 취해가
고 있었다.

"그런데 이번 여행의 테마는 뭔가요?" 난데없이 누군가가 물

었다. "여행이면 여행이지 테마는 무슨 테마?" 누군가가 잽싸게 받아쳤지만 질문을 던진 사람은 물러서지 않았다.

"무슨 명분이 있어야 여행을 할 거 아니에요?" 그러자 허 대장이 말했다. "그건 그렇지. 여행에는 명분이 있어야지. 가만 있어보자. 일에 지치고 도시에 지친 사람들이 집단으로 가출해서 떠나는 여행이니까 '집단가출' 아닌가?"

그때부터 우리의 캐나다 여행에는 '허패의 집단가출'이라는 이름이 붙었다. 집단가출이라니……. 어째 다들 제정신이 아닌 사람들만 모인 집단 같다. 아무튼 우리 8명의 멤버들은 제각각 가출할 만한 사연들을 안고 이번 여행에 뛰어들었다. 힐링이 따로 있나!

기다려라, 로키야~. 우리가 나가신다~!

이남기

CONTENTS

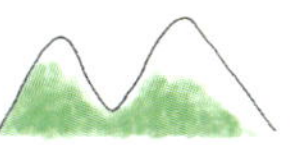

허패의 캐나다 로키 트레킹 경로

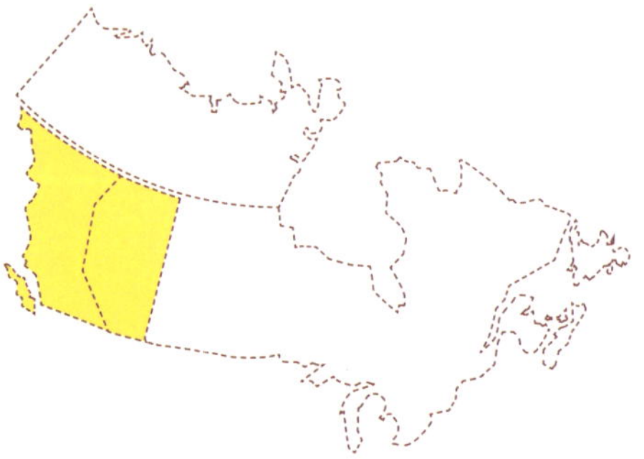

1   밴쿠버 시내 (2박 3일)

2   밴쿠버~오소유스~워터턴 호수 국립공원 (3박 4일)

3   워터턴 호수 국립공원~공룡주립공원~캘거리 (2박 3일)

4   캘거리~밴프~루이스 호수 (5박 6일)

5   루이스 호수~재스퍼~베일마운트 (5박 6일)

6   베일마운트~휘슬러~밴쿠버 (3박 4일)

브리티시컬럼비아 주
앨버타 주
5 베일마운트
재스퍼
4 루이스 호수
밴프
3 캘거리
6 휘슬러
밴쿠버
1
공룡주립공원
오소유스
2 워터턴
호수 국립공원

침엽수림과 암벽, 아름다운 야생화 평원과 빙하, 대자연에서 뛰노는 동물들. 로키의 자연을 제대로 즐기기 위해서는 역시 직접 걸어다니며 트레킹을 해보는 것이 최고다. 산의 공기, 바람의 흐름, 구름의 움직임, 나무의 향기, 물의 소리와 빛, 식물의 색과 모양 등 아름다운 로키의 자연을 피부로 느끼고 싶다면 트레킹에 나서자.

1. 캐나다 로키 트레킹 여행

캐나다 로키에서 세계유산으로 지정된 곳은 재스퍼, 밴프, 요호, 쿠트니 4곳의 국립공원과 롭슨 산, 어시니보인 산, 햄버 3곳의 주립공원을 합쳐 총 7곳이다. 총면적은 2만 3,401km²에 달하며, 이 거리를 이동하려면 투어버스든 렌터카든 자동차가 필수다. 볼거리도 지도상에서는 가깝게 보이지만, 실제로는 멀리 떨어진 경우가 많다. 시간적으로 여유가 있으면 하이킹이나 사이클링을 즐기며 돌아보는 것도 좋겠지만, 효율적으로 돌아보려면 투어나 자동차를 이용하는 것이 좋다.

　캐나다 로키 관광의 거점은 밴프와 재스퍼다. 가장 일반적인 루트가 밴프를 거점으로 투어버스나 렌터카로 밴프 주변과 루이스 호수, 아이스필드 파크웨이까지 둘러보는 방법이다. 재스퍼를 거점으로 하는 것도 괜찮지만, 밴프를 거점으로 하면 캔모어의 숙소를 이용할 수 있다. 밴프에서 조금 떨어진 캔모어는 호텔의 종류도 다양하고, 수용 인원도 많기 때문에 편리하다.

2. 국립공원에 대해서

로키의 국립공원에 입장할 때는 공원 관리를 위한
입장료를 내야 한다. 투어를 통해 입장할 때는 입장
료도 투어 요금에 포함된 경우가 대부분이므로 걱
정할 필요가 없지만, 개인적으로 찾아갈 때는 반드
시 패스를 구입하자. 자동차의 경우에는 공원 입구에서 패스를 구입할
수 있다. 구입한 패스는 자동차 앞 유리창 안쪽에 붙여두자. 버스로 가
는 사람은 관광안내소에서 구입한다. 패스는 재스퍼, 밴프, 쿠트니, 요
호의 모든 국립공원에서 공통으로 사용할 수 있으며, 기한 안에는 몇 번
이든 출입이 자유롭다.

국립공원 정보 사이트 Park Canada
ⓘ www.pc.gc.ca
▣ 연간 패스
공원 안에서 1주일 이상 체재할 예정이
라면 연간 패스가 저렴하다.

국립공원에서의 몇 가지 금지사항

● 국립공원 안에서는 쓰레기를 버리지 말 것. 국립공원 안의 쓰레기통은 모두 철
제제품이며, 뚜껑 위의 홀더 속에 손을 넣어 잠금장치를 벗겨야만 열 수 있다. 곰
같은 야생동물이 멋대로 열 수 없도록 하기 위해서다.

● 식물이나 돌의 채집과 나무를 손상하는 등의 자연을 파손하는 행위는 일절
금한다.

● 동물에게 먹이를 주지 말 것. 또한 운전 중 동물과 마주치더라도 절대로 차 밖
으로 나오지 말 것. 사슴같이 몸집이 큰 동물은 30m, 곰은 100m 이상 떨어져
야 한다.

● 국립공원 내에서는 캠핑장과 같은 일부 구역을 제외하곤 음주가 금지된다. 식
사를 할 수 있는 피크닉 테이블이나 바비큐 시설에서도 음주는 허용되지 않는다.

3. 투어에 대하여

브루스터
www.brewster.ca
403-762-6700 또는 866-606-
6700

MPHIA와 ACMG
밴프나 투어 회사의 팸플릿을 보면, 때
때로 눈에 들어오는 것이 MPHIA라
는 글자. 이것은 국립공원을 관리하고
있는 파크스 캐나다(Parks Canada)
의 외곽단체인 The Mountain Parks
Heritage Interpretation Association에
서 인정하고 있는 프로 가이드를 말한
다. 가이드 중에는 이 자격증을 취득
한 사람도 있고, 그렇지 않은 사람도
있다. 하이킹이나 등산 등 투어를 신청
하는 경우, MPHIA 인정 가이드가 인솔
하는 투어인지 확인하고 선택하는 것
이 좋다. 전문적인 하이킹이나 등반에
는 캐나다 산악 가이드 협회(ACMG)에
서 인정하는 산악 가이드를 동반하는
것이 좋다.
www.acmg.ca

투어 회사는 브루스터(Brewster)가 가장 크며, 관광이나 레포츠 회사 등을 포함하면 무수히 많다. 밴프나 재스퍼 주변의 투어에서 다른 국립공원으로 가는 투어 등 프로그램도 다양하다. 밴프, 루이스 호수, 재스퍼에서는 브루스터의 관광버스가 주변의 관광명소까지 운행하고 있어, 공공 교통기관이 적은 캐나다 로키의 여행자들에게 귀중한 발이 된다. 브루스터를 제외한 대부분 투어 회사의 투어는 정원이 적은 미니밴으로 이동한다. 대형 버스를 이용하는 투어보다 좁은 길도 운행할 수 있어서 세세한 곳까지 들를 수 있기 때문이다. 각 회사의 팸플릿은 호텔이나 관광안내소에서 얻을 수 있다. 투어버스의 장점은 밴프에서 루이스 호수로, 혹은 재스퍼로 이동하면서 그 중간의 볼거리들을 둘러볼 수 있다는 점이다. 밴프와 재스퍼 사이의 아이스필드 파크웨이를 9시간 동안 달리는 코스가 대표적이다. 혼자 여행할 때에도 편하게 이용할 수 있고, 가격도 적당하다. 단, 정차지와 정차시간이 자유롭지 않고, 날씨에 따라서 정차나 식사 예정지가 변동되는 경우도 있다.

4. 렌터카

밴프나 재스퍼에서는 자동차가 없으면 운신의 폭이 좁아진다. 렌터카나 관광버스를 이용하지 않으면 이동도 관광도 힘들어진다. 밴프나 재스퍼 모두 곤돌라를 탈 때조차 관광버스나 셔틀버스를 예약하거나 택시를 불러야 한다.

캐나다에서 차를 렌트할 시 직접 여러 렌터카 회사의 웹사이트에 들어가 가격을 비교해보고 결정하는 것이 좋다. 요금(하루 기본요금은 대략 C$50)은 차종이나 운전자 연령, 보험 여부에 따라 천차만별이다. 자동차 보험의 경우, 가능하면 혹시 모를 사고를 대비하여 모든 손실을 보장하는 전체 보험(Full Coverage)에 가입하는 게 좋다.

5. 로키의 기후

산악 기후의 캐나다 로키에서는 하루의 기온 변화가 큰 것이 특징이다. 여름에는 한낮 기온이 25℃ 가까이 올라가지만, 밤이면 6~7℃까지 떨어질 수 있다. 날씨 변화도 심하므로, 항상 덧입을 수 있는 옷을 준비해야 한다. 방수성이 있는 윈드 재킷 등이 편리하다. 또한 한낮에도 높은 언

캐나다의 대표적인 렌터카 회사

에이비스 Avis
www.avis.ca
1-800-230-4898

허츠 Hertz
www.hertz.ca
1-800-654-3131

엔터프라이즈 Enterprise
www.enterpriserentacar.ca
1-800-261-7331

버젯 Budget
www.budget.ca
1-800-268-8900

내셔널 카 렌탈 National Car Rental
www.nationalcar.ca
1-800-227-7368

스리프티 Thrifty
www.thrifty.com
1-800-400-8877

회사별 렌트 가격을 비교해 볼 수 있는 사이트
www.travelocity.ca
www.expedia.ca

자동차 렌트 시 꼭 필요한 것
신분증 (여권)
신분증과 동일한 명의의 신용카드 (해외
결제 가능한 VISA, Master 등)
한국 운전면허증
국제 운전면허증

주의사항
계약서상 마일리지 제한이 있는지, 차량
을 받을 때는 차체 손상 여부와 연료가
가득한지도 확인해야 한다.

덕이나 전망 포인트에는 바람이 세차게 불어 체감온도가 낮다. 밴프나 재스퍼에서는 날씨가 더워도 관광이나 레포츠를 즐기러 나설 때는 항상 위에 덧입을 옷을 준비해 가자.

최고 기온이 30℃ 이상 되는 날도 있는 여름은 6월 말부터 8월 하순까지다.

여름이라고 해도 날씨가 나쁘면 눈이나 진눈깨비가 날리는 경우가 있다. 8월 말부터는 공기도 상당히 차가워진다.

멋진 단풍을 구경할 수 있는 가을은 로키 제2의 관광 시즌이지만, 겨울 못지않게 기온이 내려가는 날도 있다. 이 시기에 여행할 사람은 두꺼운 재킷, 방한용 스웨터 등 방한구를 꼭 챙겨 가도록 하자. 이밖에 물통과 점심, 비상식이 될 만한 과자류, 지도와 나침반, 구급용품, 칼, 방충 스프레이, 모자, 비옷 등을 준비해 가야 한다.

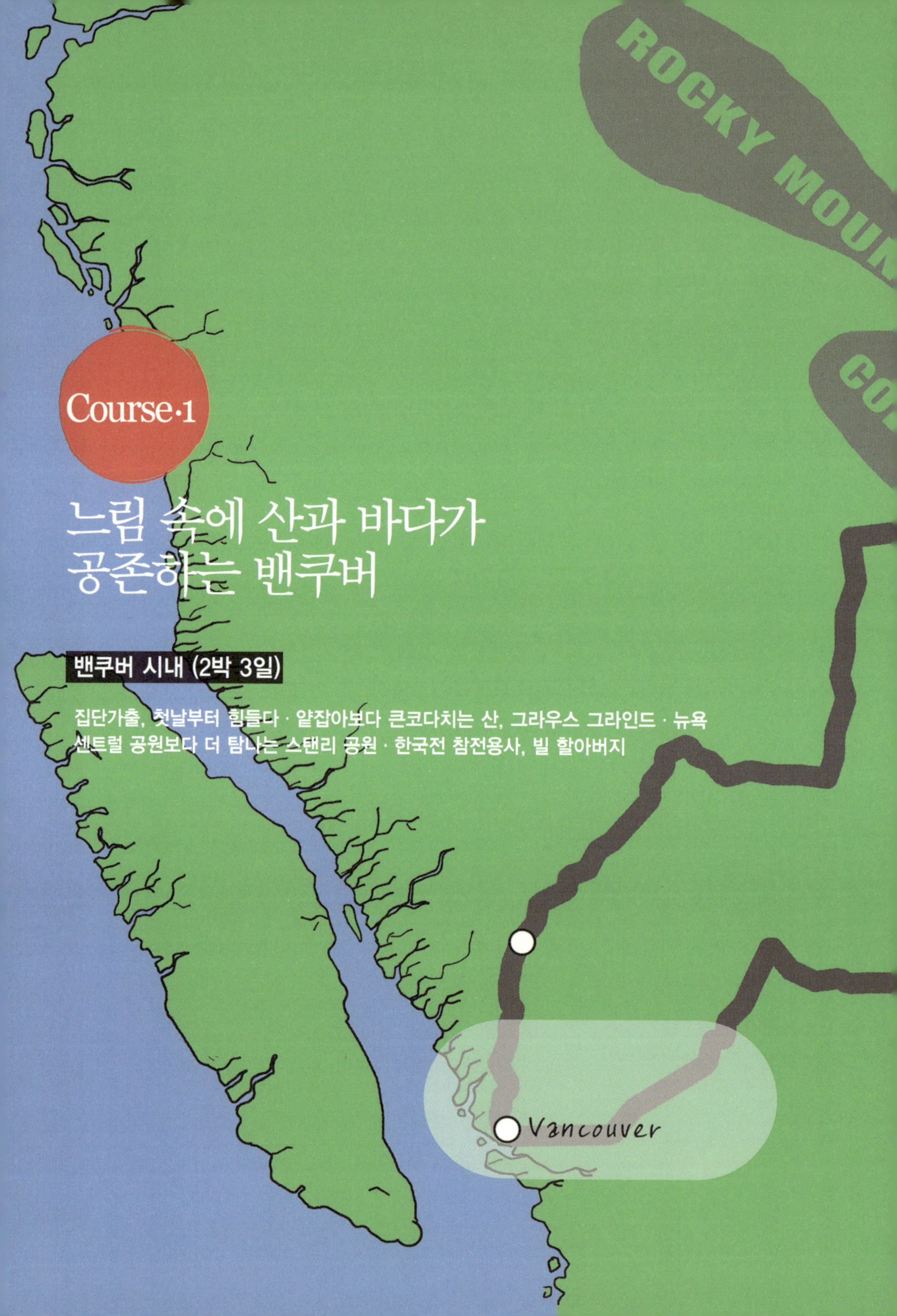

ROCKY MOUN
Course·1
느림 속에 산과 바다가
공존하는 밴쿠버
밴쿠버 시내 (2박 3일)
집단가출, 첫날부터 힘들다 · 얕잡아보다 큰코다치는 산, 그라우스 그라인드 · 뉴욕
센트럴 공원보다 더 탐나는 스탠리 공원 · 한국전 참전용사, 빌 할아버지
Vancouver

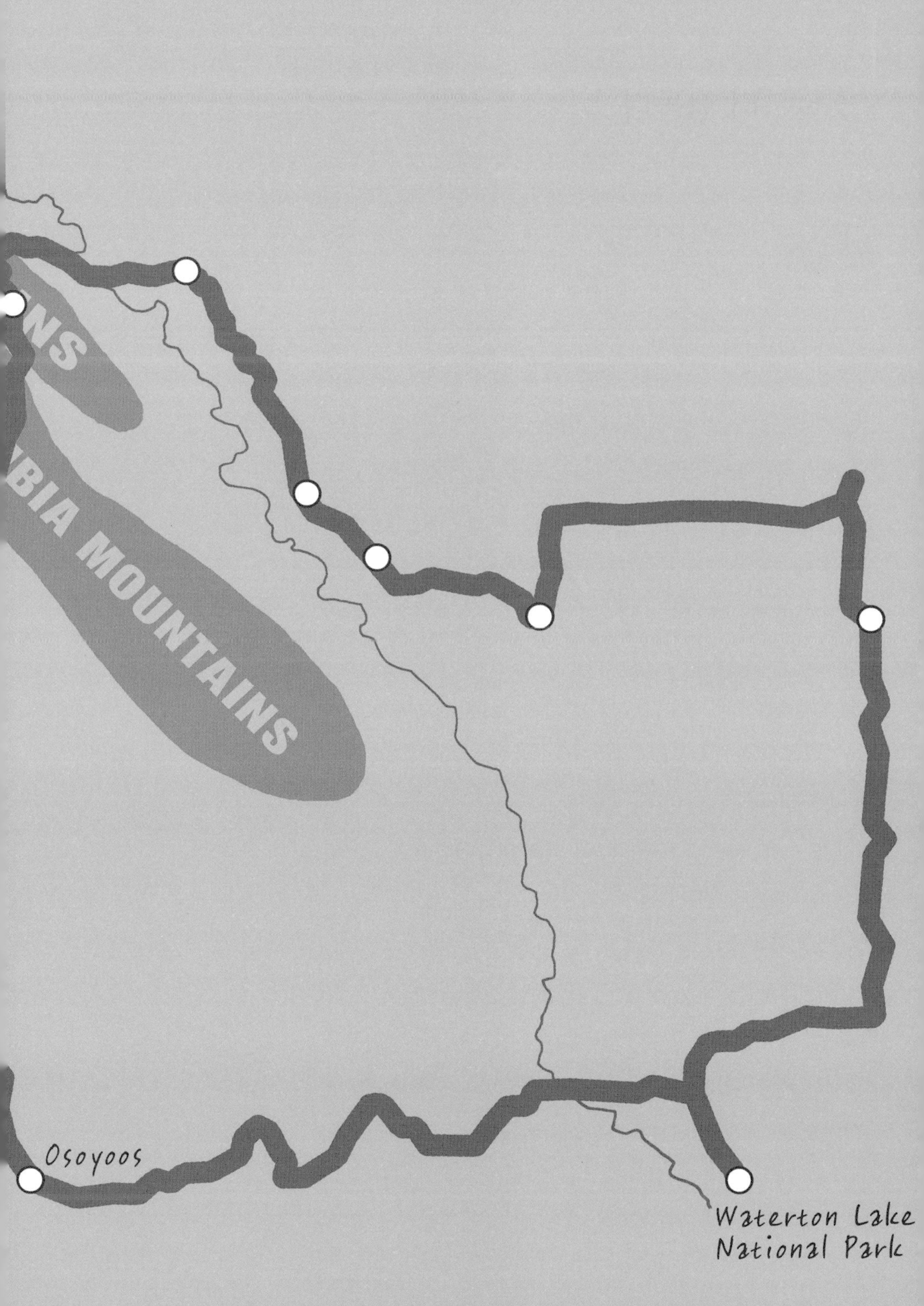

NS
BIA
MOUNTAINS
Osoyoos
Waterton Lake
National Park

집단가출,
첫날부터 힘들다

'뭐라고? 한국으로 다시 돌아간다고?'

혹시 이런 전화가 걸려오면 어쩌나 마음이 조마조마했다. 비행기 도착을 알리는 게시판에서 일행들이 타고 온 비행기 번호가 사라진 지 이미 오래전. 도착 게이트 앞에서 아무리 기다려도 아는 얼굴이 나오지 않으니 온갖 나쁜 상상에 시달릴 수밖에.

"띠리리리!"

드디어 휴대전화가 울렸다. 서둘러 받으니 용권이 목소리가 개미소리만 하게 들려왔다.

"형, 우리 잡혔어. 정밀심사 받으라고 해서 기다리고 있는 중이라우. 너무 걱정하지 마."

'휴, 다행이다!'

요즘 입국심사가 강화되어 정밀심사에 걸린 것이었다. 걱정했던 것처럼 입국이 거부되어 추방되는 것은 아니니 얼마나 다행인가. 기다리던 일행들이 게이트 안쪽 캐나다 땅에 무사히 도착해 있다는 것을 확인하니 겨우 마음이 놓였다.

그런데 휴대전화는 어디서 구했을까? 로밍 서비스를 받아올 거란 얘기는 못 들었으니 아마도 외국인에게 빌린 모양이었다.

'역시 용권이는 이 세상 어디에 갖다놓아도 홀로 살아갈 수 있는 친구야. 암, 해외여행을 하려면 외국인한테 휴대전화 정도는 빌려 쓰는 배짱이 있어야지.'

그런데 나중에 알고 보니 외국인이 아니라 정밀심사 받으려고 뒤에 서 있던 한국 아가씨에게 빌렸다고 한다. 그럼 그렇지…….

소문 들어 알겠지만 밴쿠버 공항의 입국심사가 무척 까다로워졌다. 캐나다 입국에는 비자가 필요 없는 점을 노려 일단 밴쿠버에 들어와서는 미국으로 불법 밀입국을 시도하는 한국인이 많은 탓이다. 그것도 성매매에 연관된 아가씨들이 밀입국을 시도하는 경우가 많다니, 한국 사람으로서 좀 창피한 일이기도 하다. 그런 탓에 캐나다를 여행하겠다고 모처럼 가출까지 결행한 우리 일행이 직접적인 피해를 보고 있으니 억울하기 짝이 없다. 우리야말로 미국 가서 살라고 엎드려 빌어도 한국이 더 좋다고 도망칠 사람들인데 말이다.

비행기가 도착한 지 정확히 다섯 시간이 넘어서야 반가운 얼굴들이 입국장에 나타났다. 장거리 비행에 시차, 입국심사 등으로 파김치가 되었으려니 생각했는데 예상 외로 얼굴에 웃음이 가득했다. 역시 팬서비스 정신이 투철한 사람들이다. 개선 장군처럼 늘어놓는 이야기가 가관이었다. 그렇게 오랜 시간을 기다려 정밀심사대에 섰더니 정작 인터뷰는 1분도 채 걸리지 않았단다.

"무슨 목적으로 캐나다를 방문했습니까?"

"서부 캐나다를 여행하려고요. 캐나다 로키도 트레킹할 예정입니다."

"그래요? 정말 재미있겠네요. 즐거운 여행이 되길 빕니다."

이게 장장 네 시간을 기다려 만난 심사관과의 인터뷰 내용이란다. 세상에!

하여간 우린 서로 반갑게 해후했고 차에 올라 밴쿠버 시내로 향했다. 피곤에 지친 모습은 어디론가 사라져버리고 왁자지껄 웃음소리만 차 안에 가득하다. 일부러 한 옥타브 올려서 부르는 형님, 아우 소리에 정감이 물씬 넘쳐난다. 그렇게 그리워했던 얼굴들이 이 자리에 다시 모여 캐나다 서부를 함께 여행하게 된다니 마치 꿈을 꾸는 것 같다. 운전대 아래로 손을 뻗어 살며시 허벅지를 꼬집어본다.

하늘에서 본 밴쿠버의 산과 눈

혹시 와이프가 있는 한국으로 돌아가지 않을 계획요?
쉿! 일급비밀 예요
집단 가출중

식객만화 12권 선물. 공책
여분배낭
노트북
카메라
약수. 담기배
Duty Free
대장은 빈손으로 나선다

매일 연재하는 만화를 당겨놓고 오느라고
며칠 밤을 새웠다. 가출 당일은 새벽 5시
에 집을 나와 작업실 책상에서 꿍꿍댔다.
작업 마무리하고 가출하는 인간도 있나?

2006년 9월 6일 인천공항에 3명의 1차 가출인이
모였다. 지원받은 소주 7박스 중 시험 삼아 3박스
를 갖고 왔는데 공항심사를 통과할 수 있단다. 나
머지는 2차 가출인 4명이 갖고 올 것이다. 카고백
은 6개, 장기 가출이 예상된다.

가출도 급수가 있다. 비즈니스 구멍으로 가출 중.

어린 학생들이 무더기로 캐나다
어학연수를 간다. 좋은 세상이다.
그런데도 경기가 좋지 않다는 얘
기는 어디서 나오는 걸까.

빼곡하게 들어찬 입국 심사대.
줄을 바꿀 때마다 같은 얼굴을
계속 보게 된다. 일본인인 듯한
이 사람을 벌써 네 번째 보고 있다.

비행 도중 난기류를 만나 30분간 몹시 흔들렸다.
그릇이 떨어지는 소리가 요란하다. 영화에서
이런 장면을 많이 봤으나 이렇게 흔들리는 경험은
처음이다. 비즈니스 클래스도 흔들린다는 걸 알았다.

김은광은 집단가출 식량 담당.
기내에서도 그의 역할은
계속된다.

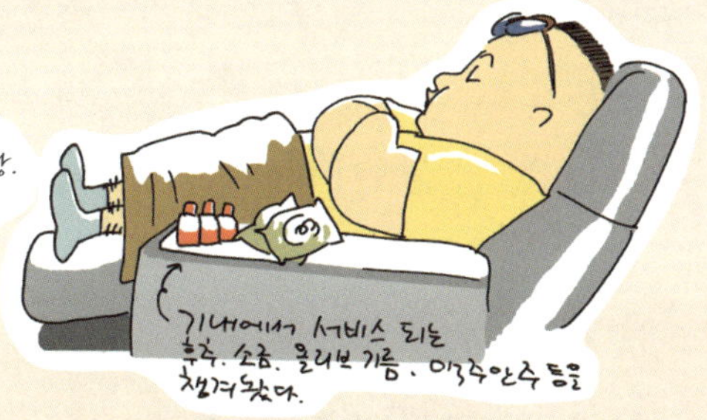

얕잡아보다 큰코다치는 산,
그라우스 그라인드

밴쿠버는 한국보다 시간이 느리다. 시간을 거꾸로 하고 열 시간을 달려왔어도 오히려 시간이 남는다. 하지만 모두들 시차 때문에 제대로 잠을 이루지 못하고 뒤척거리다가 새벽 일찍 일어났다.

"그래, 오늘 가는 데가 이름이 뭐라고 그랬지?"

대장이 묻는다.

"그라우스 그라인드(Grouse Grind)요. 여기선 다들 그냥 지지(GG)라고 부릅니다."

지지는 밴쿠버 그라우스 산에 있는 엄청나게 가파른 등산로다. 걸어 오르는 높이, 즉 등반고도는 853m이지만 거의 수직에 가까운 경사이다 보니 뺑뺑 둘러 오르는 길이 총 2.9km에 이른다. 북한산은 오르는 중간중간에 한두 번 깔딱고개가 나오는데, 지지는 처음부터 끝까지 줄곧 깔딱고개라고 말하면 쉽게 이해가 갈까?

"853m라고? 흥."

내 설명을 듣던 용권이가 콧방귀를 뀌었다. 히말라야, 안나

그라우스 산 Grouse Mountain

노스밴쿠버 배후에 솟아 있는 표고 1,250m의 산이다. 스카이라이드라는 케이블카로 샬레(Chalet)가 있는 1,128m까지 올라간다. 시가지를 내려다보는 뷰포인트가 있다.

✉ 6400 Nancy Greene Way
☎ 604-980-9311
ⓘ www.grousemountain.com

그라우스 그라인드

그라우스 산까지 도보로 올라가는 그라우스 그라인드는 대단히 가파른 비탈길이다. 그라우스 산 스카이라이드 승강장의 주차장 동쪽 옆에 그라우스 그라인드 트레일 헤드가 있다.

⚑ 그라우스 그라인드에서 하산할 때는 일반적으로 스카이라이드를 이용한다.

⏱ 5월 중순~10월 (잔설 상태에 따라 다르다.)

스카이라이드 Skyride

⏱ 매일 09:00~22:00

전체 구간의 4분의 1이 되는 지점까지는 경사가 급하지 않다가 이 지점부터 가팔라진다.

푸르나, 북극까지 다녀온 산사나이가 853m에 기죽을 리가 없다. 그건 바로 몇 개월 전 에베레스트를 다녀온 허 대장도, 그리고 수많은 원정 경험에다 산 정상에서 보드까지 타고 내려왔던 은광이도 마찬가지였다.

다들 산책이라도 나가는 듯 가벼운 마음으로 길을 나섰다. 등산로 입구에서 밴쿠버 산꾼들과 간단히 인사를 나눌 때까지만 해도 모든 것이 좋았다. 그런데 지지 출발점에 세워진 게시판 앞에서 등산로에 대해 수치를 거론해가며 설명했더니 그제야 뜨악한 표정을 짓는다.

"뭐? 한 시간 만에 올라간다고?"

853m의 수직고도의 경우 히말라야 원정으로 치자면 보통 하루가 넘게 걸리는 코스다. 그런데 여기서는 다들 한 시간 안에 주파한다. 이제야 사태의 심각성을 깨달은 것이다.

마치 도살장에 끌려가는 소, 돼지의 표정이 그랬을까? 그나저나 입구에서 만난 밴쿠버 산꾼들에게 화려한 원정 경력을 늘어놓으며 자랑을 했으니 숨이 차도 함부로 헉헉댈 수도 없는 형편이 되었다. 몸은 힘들어 죽겠는데 겉으로 태연한 척 웃으며, 마치 숨도 쉬지 않는 사람들처럼 사뿐사뿐 걸어오를 수밖에……

그때였다. 몇 명의 캐나다 사람들이 우리를 앞질러 급경사를 잰걸음으로 올라갔다. 간편한 복장에 무게가 나갈 만한 것은 몽땅 버리고 온 그런 차림새다. 여러 번 올랐던 길인 듯 발걸음도 가볍고 몸도 유연하다. 바로 이들이 기록을 의식하며 올라가는 지지 마니아들이다. 이들은 '서미트 시커 카드(Summit Seeker

Card)'라는 것을 한 장씩 사들고 올라가기 직전 지지 출발점에 설치된 기계에다 카드를 댄다. 그리고 다른 데 한눈팔지 않고 등산에만 집중하여 지지를 오른 후 다시 도착점에 설치된 기계에 카드를 댄다. 이렇게 하면 출발시간과 도착시간이 찍혀 얼마만에 지지를 통과했는지 기록이 나온다.

그렇다면 지지 등반 공식 기록은 과연 얼마일까? 남자는 2005년 '마운틴 런' 대회에서 밴쿠버에 사는 마이클 심슨이라는 사람이 세운 26분 26초이고, 여자는 2002년 같은 대회에서 켈리 머톨이 세운 32분 54초다. 가히 산을 날아다니는 수준이다.

대장은 그들의 얘기를 듣더니 그냥 멋쩍은 듯 씨익 웃었다. 잰걸음으로 뒤도 돌아보지 않고 올라가는 그들을 우리는 부러워하지 않기로 했다. 뱁새가 황새를 부러워하지 않는 것이다. 게다가 산을 오르는 우리의 철학도 소처럼 천천히 걷자는 뜻의 '우보산행(牛步山行)'이 아니었던가. 천천히 나무도 보고 숲도 보고 친구도 보면서, 그렇게 걷기로 했다.

우리는 숨이 차도 힘들다고 말은 못하고, 대신 사진을 찍는 척하면서 한숨 돌렸다. 정상을 향해 갈수록 카메라를 들이대는 횟수가 많아지는 것을 보니 겉으로는 웃고 있어도 속은 얼마나 힘든지 짐작이 갔다. 입에서 단내가 날 지경이 되어서야 샬레(Chalet, 산장)가 있는 정상에 섰다. 한 시간 반은 걸린 것 같았다. 그래도 입구에서 인사했던 밴쿠버 산꾼들보다 한발 앞서 도착했다는 데에서 위안을 찾았다.

햇살이 화창하게 내리쬐는 샬레 전망대에 자리를 잡고 도시락을 꺼내 함께 나누어 먹었다. 지지를 오른 고단함과 그래

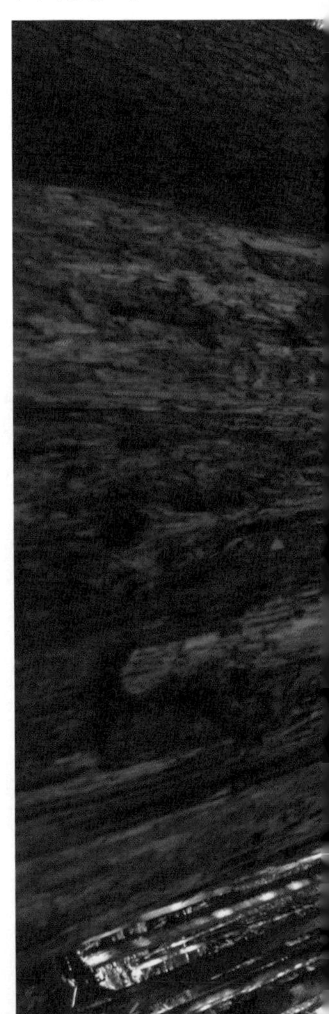

일본, 뉴질랜드, 캐나다 여행 때 제일 부러운 것은 쭉쭉 뻗은 나무들이다. 캐나다는 넓고 나무가 엄청나게 많다. 위에서부터 밑으로 벌목을 하면 벌목이 끝날 즈음엔 위쪽에 다시 벌목할 만큼 나무가 자랄 정도다.

도 해냈다는 안도감을 안주 삼아 태평
양을 건너온 소주가 한 순배 돌
았다. 여기서는 소주 한 병이 캐
나다 달러로 10달러나 하는 비
싼 술인 데다 물 건너온 술이기
에 소주 한 잔이 꿀맛일 수밖에
없다.

뉴욕 센트럴 공원보다 더 탐나는
스탠리 공원

그라우스 산에서 남쪽으로 내려와 라이온스 게이트 다리를 건너면 바로 스탠리 공원(Stanley Park)으로 접어든다. 이 아름다운 공원을 차를 타고 한두 시간 만에 둘러보는 것은 그야말로 큰 실수다. 아니, 엄밀히 말하면 스탠리 공원에 대한 모독이다. 천천히 두 발로 걷거나 혹은 자전거를 타면서 공원 주변의 산뜻한 공기와 바다 냄새를 코로 들이마셔야 한다.

우리는 자전거를 빌려 스탠리 공원 탐험에 나서기로 했다. 캐나다 전역이 그렇듯이 밴쿠버에도 공원이 유난히 많은데, 특히 스탠리 공원은 사면을 빙 둘러 바다를 끼고 있어 더욱 아름답다. 육지에 붙어 있지만 마치 다이아몬드의 꼭짓점이 맞닿은 듯 붙어 있기 때문에 섬 같은 느낌이 드는 곳이다.

스탠리 공원에 대해서는 한국 이민사회에 떠도는 재미있는 이야기가 있다. 최근 몇 년 사이에 밴쿠버로 이주한 한국인이 유난히 많은데, 캐나다 사회에 잘 융화하려면 영어 이름이 필요하다. 그렇다면 만약 한국의 박씨 부부가 밴쿠버로 이주해서 영어 이름을 짓는다면 어떤 이름이 가장 좋을까? 당연히 남

스탠리 공원

vancouver.ca/parks-recreation-culture/
stanley-park.aspx

604-257-8400

공원을 일주하는 셔틀버스가 있다.

6월 중순~9월 하순 매일 10:00~18:30

무료

시월

바닷가를 따라 스탠리 공원을 일주하는 총길이 8.8km의 도로. 자전거나 롤러블레이드를 탈 수 있는 도로도 마련되어 있지만, 반시계 방향의 일방통행으로 규제되어 있다.

자전거 대여 장소
공원의 입구 쪽에 집중. 'Bike Rental'이라는 표지가 있는 곳.

매일 09:00~21:00 (5월 하순~9월)
매일 09:00~17:00 (10월 하순~5월)

편은 스탠리, 부인은 엘리자베스가 가장 좋다. 밴쿠버에서 가장 유명한 공원 두 개가 스탠리 공원과 엘리자베스 공원(Queen Elizabeth Park)이기 때문이다. 또한 '박'이란 성을 영어로 표기할 때도 박세리처럼 'Pak'으로 쓰지 말고 반드시 'Park'로 해야 한다. 그래야 남편은 스탠리 파크, 부인은 엘리자베스 파크가 될 것이 아닌가. 밴쿠버 사람이라면 한 번 들으면 절대로 잊어버리지 않을 것이다.

우리는 자전거를 빌려 시월(Sea wall)이라 불리는 8.8km 해안가를 시계 반대 방향으로 달려보기로 했다. 자전거 대여점 앞에 일행들을 내려놓고는 주차장에 차를 세우러 갔다. 그런데 웬걸, 돌아와 보니 모두 흔적도 없이 사라져버린 것이다. 다들 마음이 들떠서 나를 기다리지 않고 먼저 출발해버린 모양이다. 홀로 걷고 뛰면서 공원을 반 바퀴나 돌았건만 행적이 묘연하기만 했다.

'에이, 찾은들 무엇하나.' 스탠리 공원에서 바쁜 표정으로 뛰는 사람은 나밖에 없었다. 그냥 혼자 산책 나왔다고 생각하고 천천히 둘러보기로 했다. 늘 드는 생각이지만 스탠리 공원에 오면 시간이 절반쯤 느리게 흘러가는 것 같다. 연인들은 천천히 걸어가다가 틈틈이 서서는 잊었다는 듯 뽀뽀를 한다. 애완견을 데리고 산책하는 노부부의 모습도 유난히 여유롭다. 자전거를 타는 사람들뿐만 아니라 보드에 인라인을 타는 사람들까지 더해져 시월은 늘 사람으로 북적거리지만, 단 한 번도 복잡하다는 생각을 해본 적이 없다. 아마도 모든 사람이 천천히 느리게 행동하기 때문일 것이다.

그러고 보면 캐나다에서의 하루는 한국에서의 하루보다 두

세 배 느리게 흐르는 느낌이다. 이런 느림은 마트나 길에서, 혹은 공원에서 마주치는 사람들의 표정과 행동에서 느낄 수 있다. 도로 한복판에서도 갈 길을 재촉하며 경적을 울리거나 허둥지둥 걷는 사람을 좀처럼 찾을 수 없다. 혹시라도 누가 길을 물으면 귀찮은 기색 하나 없이 꼼꼼하게 설명해준다. 헤어질 땐 웃으면서 "바이~."라고 말한다. 그래서 캐나다 사람들은 전반적으로 순하고 착하다는 인상을 준다.

결국 스탠리 공원을 한 바퀴 다 돌았지만 일행을 찾지 못했다. 포기하고 자전거를 빌린 대여점으로 되돌아왔더니, 그토록 찾아 헤맸던 일행들이 거기에 먼저 와서는 손짓을 하며 웃고 있지 않은가.

애써 태연한 척 어찌된 일이냐고 물었다. 은광이가 변명에 나섰다. 자전거를 타고 공원 입구로 들어갔더니 몸매가 늘씬한 아가씨 한 명이 긴 금발머리를 휘날리며 인라인을 타고 가더란다. 얼굴이 궁금해 확인 좀 하겠다고 앞서거니 뒤서거니 하며 졸졸 따라가다 보니 내 존재를 까마득히 잊어버렸다는 것이 아닌가.

'뭐야? 그럼 내가 잊혀버린 존재였단 말이지?' 약간 멍해지며 잠시 스스로가 초라한 느낌이 들었다.

돌아오는 길에 혹시나 하여 스탠리 공원에서 5분 거리에 있는 '피치 앤드 퍼트(Pitch and Putt)'라는 미니골프장에 들렀다. 아이언 하나와 퍼터만 있으면 웬만큼 골프를 즐길 수 있는 초보자 코스다. 그렇다고 얕잡아보면 안 된다. 명색은 18홀에 파 3 골프장의 면모를 갖추고 있기 때문이다. 어찌나 인기가 좋은지 골프를 치려는 사람들이 입구부터 길게 줄을 서 있다. 일단 우

리도 자리를 잡고 섰으나 20분을 기다려도 짧아지지 않는 줄에
혀만 내두르다가 제풀에 지쳐 그만두기로 했다. 역시 캐나다인
들은 짜증내는 기색 하나 없이 웃는 얼굴로 기다린다. 인내심
도 대단하다.

한국전 참전용사,
빌 할아버지

어제 밴쿠버 공항에 도착했을 때 대장이 뜬금없이 한마디 했다.

"캐나다도 한국전에 참전을 했지? 여기에도 한국전 참전용사가 살고 계신가?"

"글쎄요. 밴쿠버 재향군인회하고 한국전 참전용사가 무슨 모임을 가졌다는 기사는 읽은 적이 있는 것 같은데요."

약간은 자신 없게 대답했더니 대장이 말한다.

"그래? 그럼 참전용사 한 분 수소문해봐라. 내일 한번 만나보자."

이미 작정하고 온 것 같았다. 그러면 진작 귀띔을 해주시지. 그런데 무슨 일로 참전용사를 찾으신담? 갑자기 내려온 지시에 약간은 당혹스러웠지만 어쩌겠는가. 대장의 명령이니 찾는 시늉이라도 해야지.

여기저기 아는 사람을 동원해 몇 군데 전화를 넣은 끝에 서리(Surrey)에 사시는 빌 라슨(Bill Larson) 할아버지와 전화 연결이 되었다.

늦은 저녁에 우리는 할아버지 댁을 방문했다. 빌 라슨 할아버지는 잠자리에 들었다가 갑자기 들이닥친 우리를 놀라움 반, 반가움 반으로 맞아주었다. 한국전에 참선한 인연으로 한국인의 방문을 받게 된 빌 할아버지 부부는 약간 흥분한 듯했다. 더구나 한국에서 아주 유명한 만화가가 온다니 기대가 컸던 모양이다.

사실 우리도 좀 들떠 있었던 것은 마찬가지였다. 캐나다가 한국전에 참전한 16개국 중 하나라는 사실도 잊고 산 지 오래지 않은가. 그럼에도 우리 민족을 위해 목숨을 걸고 싸웠던 노병을 만난다고 생각하니 절로 흥분이 되는 것은 어쩔 수가 없었다.

간단한 인사 뒤에 대장이 가장 먼저 물어본 것이 빌 할아버지의 나이와 건강이었다. 만 84세가 넘었다는 것이 믿기지 않을 정도였다. 원래는 풍채가 더 좋았었는데 2000년인가 위 일부를 잘라내는 수술을 받고 살이 많이 빠졌다고 했다. 그래도 건강해 보이는 모습에 안심이 되었다.

할머니가 손수 구웠다는 쿠키와 홍차를 권하면서 한국전 이야기를 하나씩 풀어놓기 시작했다. 할아버지는 1941년부터 1959년까지 18년 동안 군에 복무했던 베테랑이었다. 제2차 세계대전 당시에는 노르망디 상륙작전에 참가했고, 이어서 한국전에 참전했다고 한다. 한국전쟁이 발발한 지 5개월이 지난 1950년 11월에 부산에 첫발을 디뎠고, 그곳에서 보충 훈련을 받은 후 처음으로 전투에 투입된 것이 1951년 초, 밀양에서였다.

할아버지 입에서 가끔씩 귀에 익은 한국 지명들이 튀어나올 때면 대장도 반가운 듯 맞장구를 쳤다. 부산에 이어 밀양과 대구, 김포 그리고 가평이란 지명이 언급되었다. 지금이야 서로

제2차 세계대전과 한국전에 참전했던 빌 할아버지의 제복에 달린 각종 훈장. 왼쪽 두 번째 훈장에는 한글로 '한국전 참전용사'라고 새겨져 있다.

한국전 당시에 찍은 사진을 보며 치열했던 가평전투와 그 전투에서 전사한 전우들을 회상할 땐 우리 모두 눈시울이 뜨거워졌다.

한국전 참전용사 빌 라슨 씨(오른쪽에서 두 번째). 부대 내 헤비급 복싱 챔피언이었다.
밀양에서 첫 전투와 가평에서 3일간 쉬지 않고 벌인 전투를 잊지 못한다.

속 편하게 이야기를 나누지만 총알이 씽씽 날아다니는 전쟁터
에서야 어찌 그런 여유가 있었을까.

1951년 4월에 있었던 가평전투의 치열함이 가장 기억에 남는
다는 할아버지는 옛 앨범을 펼쳐들고 가평에서 죽은 전우들을
한 사람씩 가리키며 눈시울이 붉어지기도 했다. 자연스레 방 안
분위기도 숙연해졌다.

할아버지는 1999년에 캐나다 정부 후원으로 한국에 한 번 다
녀왔다고 한다. 여권이 없어 외국에 나가기가 어렵다고 했더
니 캐나다 정부에서 하루 만에 1년 유효한 단수여권을 만들어
주었다며 자랑스레 여권 사본도 보여주었다. 그때 가평전투의
현장을 다시 가보았는데 옛날 흔적은 전혀 찾아볼 수가 없었
다고 한다. 그 당시 피아간의 포격으로 인해 나무 한 그루 없
던 벌거숭이 산등성이 이제는 온통 나무로 뒤덮였더라며 감격
스러워했다.

우리 민족의 흥망이 걸려 있던 절체절명의 시기에 목숨을 걸고 달려온 이런 분들이 있기에 우리가 있는 것이 아니겠는가. 새삼 고마운 마음에 가슴이 뜨거워졌다. 작별인사를 할 때 할아버지를 포옹하는 대장의 팔에 힘이 들어갔다. 참전용사를 수소문하면서 속으로 구시렁거렸던 자신이 부끄러워졌다.

의미 있는 만남이 고마워 대장이 만화책에 직접 서명을 해서 건넸더니 할아버지가 서재에서 얇은 책 한 권을 가져다주었다. 할아버지가 구술하고 할머니가 직접 타자를 쳐서 만들었다는 한국전 참전일지였다. 우리에겐 너무나 귀한 선물이었다. 그저 건강하시라는 말밖에 더 할 수가 없었다. 당신이 있었기에 오늘 우리가 여기에 올 수 있었습니다. 정말 고맙습니다.

07:00 기상 → 11:00 등산 → 12:30 정상에서 점심
→ 15:00 자전거로 공원 일주 → 18:00 교민신문 인터뷰
→ 19:00 저녁 초대 → 22:00 참전용사 인터뷰
→ 24:00 귀가 → 01:00 짐 챙기고 취침

그라우스 산

흔히 밴쿠버를 로키로 가기 위한 관문 정도로 여기지만 이곳에도 뛰어난 명산들이 많이 있다. 그중 첫손가락에 꼽히는 곳이 바로 그라우스 산이다. 밴쿠버 시내 중심에서 자동차로 겨우 15분 거리에 있는 데다 사시사철 여러 종류의 아웃도어 활동을 즐길 수 있기 때문이다.

최근 캐나다의 〈내셔널 포스트〉가 '캐나다에서 죽기 전에 꼭 가봐야 할 100곳'으로 선정하기도 했다. 등산, 산악 마라톤은 기본이고, '스카이라이드'라 불리는 케이블카를 탈 수 있으며, 여름에는 헬리콥터 투어와 패러글라이딩, 겨울에는 스키, 썰매, 스노보드, 스노슈잉(Snow-shoeing, 스노슈즈를 착용하고 눈 위를 달리는 것)까지 즐길 수 있다. 굳이 그라우스 그라운드를 오르지 않더라도 영화, 쇼, 각종 이벤트 등이 항시 준비되어 있기 때문에 밴쿠버 시민들이 즐겨 찾는 곳이기도 하다.

기록을 내기 위해 그라우스 그라운드를 등반하려면 20달러짜리 서미트 시커 카드를 구입하라. 등반을 끝내는 순간 자동으로 서류화된 기록을 받아볼 수 있다. 그라우스 그라운드를 16번 올라가면 엘부르즈 정상에 올라가는 것과 같고, 24번 올라가면 킬리만자로 정상에 올라가는 것과 맞먹으며, 54번 올라가면 에베레스트를 등정하는 것과 같다고 한다.

스탠리 공원의 시월을 따라 일주를 하다 보면 요트 선착장과 그 뒤에 펼쳐진 고층빌딩들의 절묘한 조화를 감상할 수 있다. 레지던트 빌딩이라 불리는 이 건물들은 주로 밴쿠버로 이주한 일본인과 홍콩인 들의 부동산개발 붐을 타고 지어진 초고층 아파트다. 밴쿠버 사람들은 이런 성냥갑 같은 곳에서는 답답해서 못 산다고 하는데 동양인들은 살지 못해 환장한다. 최근에는 한국인 이주자들도 이 초고층 아파트 입주 대열에 참가하고 있다.

스탠리 공원을 돌아보는 관광용 버스, 이것 외에도 마차를 타고 돌아보는 방법도 있다. 하지만 여유와 푸르름을 만끽하고 싶다면 당연히 직접 걷거나 자전거를 타고 돌아보는 것이 으뜸이다.

오늘 캐나다에 대해 배운 것들

캐나다에서 남자는 대접받지 못한다. 대접받는 순서 ① 어린이 ② 여자 ③ 노인 ④ 장애인 ⑤ 개 ⑥ 남자

캐나다 레스토랑에서는 소리 지르지 말고 웨이터가 올 때까지 혹은 웨이터랑 눈이 마주칠 때까지 기다려야 촌놈이 아니다.

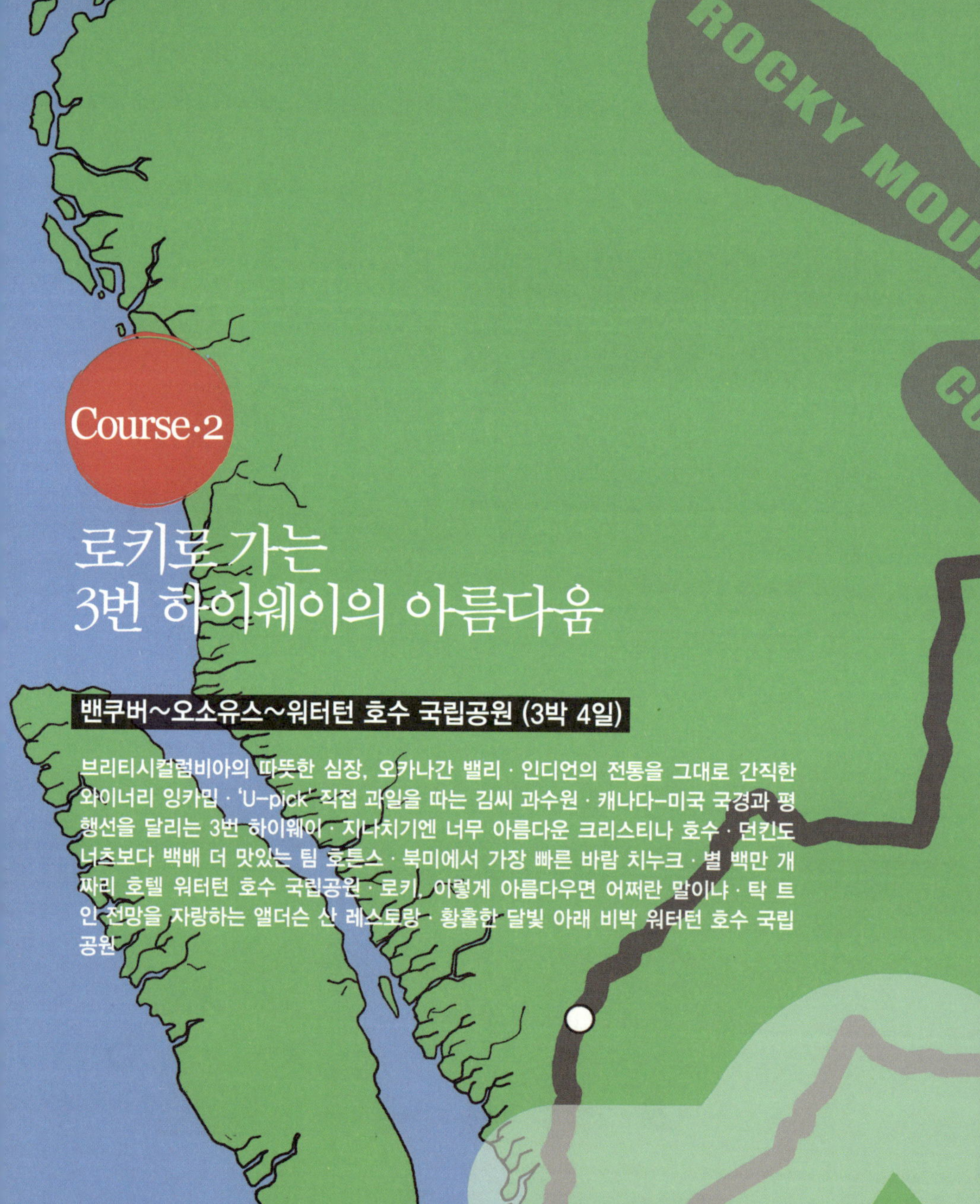

로키로 가는
3번 하이웨이의 아름다움

밴쿠버~오소유스~워터턴 호수 국립공원 (3박 4일)

브리티시컬럼비아의 따뜻한 심장, 오카나간 밸리·인디언의 전통을 그대로 간직한 와이너리 잉카밉·'U-pick' 직접 과일을 따는 김씨 과수원·캐나다-미국 국경과 평행선을 달리는 3번 하이웨이·지나치기엔 너무 아름다운 크리스티나 호수·던킨도너츠보다 백배 더 맛있는 팀 호튼스·북미에서 가장 빠른 바람 치누크·별 백만 개짜리 호텔 워터턴 호수 국립공원·로키, 이렇게 아름다우면 어쩌란 말이냐·탁 트인 전망을 자랑하는 앨더슨 산 레스토랑·황홀한 달빛 아래 비박 워터턴 호수 국립공원

COLUMBIA MOUNTAINS
Osoyoos
Waterton Lake
National Park

브리티시컬럼비아의 따뜻한 심장,
오카나간 밸리

캐나다에서의 두 번째 아침이 밝았다. 오늘은 밴쿠버를 떠나 로키를 향해 출발하는 날이다. 그 첫 행선지는 오카나간 밸리(Okanagan Valley)가 될 것이다. 혹시 오카나간이라고 들어보았는지? 오카나간 호에는 종종 스코틀랜드의 네스 호에 출몰한다는 괴물 네시에 비교되는 '오고포고'라는 괴물이 출현한다고 한다. 인디언 시대부터 현재까지 꾸준히 목격되고 있어 괴물 파파라치와 관광객 들이 그것을 구경하러 많이 온다고 한다. 괴물을 목격한 사람이 수백 명에 이르고 사진까지 찍혀 전 세계 언론에 공개되었으니 믿거나 말거나 사실인가 보다.

어쨌든 우리가 지금 달려가는 지역이 바로 그 오카나간이다. 괴물 얘기를 해서 으스스해졌지만, 사실 오카나간은 브리티시컬럼비아의 심장에 해당하는 더없이 따뜻한 대지다. 오소유스(Osoyoos), 펜틱턴(Penticton), 켈로나(Kelowna), 버논(Vernon) 등 아름답기로 유명한 마을들이 모두 이곳에 있다. 열차로는 무려 아홉 시간이 걸리는데 아름다운 산과 강을 꿰뚫으며 지나가기 때문에 전혀 심심할 틈이 없다.

선두 차는 지원받은 새 차다.
길이 들기 전에는 서행해야 하는데 시속 120km로 달리고 있다.

오카나간은 불과 20년 전까지만 해도 황량하기 그지없던 준사막 지형이었다. 언제부터인가 포도밭이 하나둘 들어서 황량한 사막을 녹색으로 뒤덮더니, 이제는 와인 산지로 꽤나 유명해졌다. 물과 사막이 결합하여 와인 천국을 이루었다고나 할까?

차량 두 대에 짐을 가득 싣고 두 시간쯤 달리니 드디어 메리드(Merritt)란 표지판이 보였다. 여기서 오른쪽으로 꺾어 97번 하이웨이에 접어들면 본격적인 오카나간 밸리가 시작된다.

갑자기 짙은 안개 속으로 들어선 것처럼 시야가 희미해졌다. 차 안으로 매캐한 연기가 들어온다. 미국 산불이 오카나간 지역에 영향을 주고 있다더니 아직까지도 진화를 못했단 말인가? 보름 전에 미국 워싱턴 주 타토시(Tatosh) 지역에서 산불이 발생했는데 그것이 국경을 넘어 캐나다로 옮겨 붙은 모양이었다. 이 놈들은 입국심사도 없이 제 마음대로 국경을 넘나든다. 호흡조차 어려울 정도라 주민들에게는 이미 대피 경보가 내려진 상태였다. 우리도 빨리 벗어나려고 가속했지만 연기 속을 헤맨 시간이 족히 10분은 되지 않았나 싶다.

몸도 마음도 흐르는 대로……

우리는 괴물이 나온다는 오카나간 호수를 따라 남쪽으로 쭉 내려가 펜틱턴이라는 마을에 도착했다.

이곳에 오카나간 호수와 스카하(Skaha) 호수를 연결하는 6.9km의 운하가 있는데 여름부터 9월까지 운하타기를 할 수 있다는 소문을 들었기 때문이다. 운하타기라고 하지만 특별한 기구도, 기술도 필요 없다. 그냥 수영복 입고 고무 튜브 타고 6.9km를 3시간 동안 둥실둥실 떠내려가는 것이다. 매우 원시적이지만 매우 낭만적이기도 하다.

튜브에 맥주 몇 캔씩 싣고 홀짝이며 떠내려갈 생각에 잔뜩 기대하고 찾아갔는데, 가는 날이 장날이라고 사흘 전에 시즌을 마감했다는 것이 아닌가. 아쉬워하는 우리를 보고 가게 점원이 튜브를 구입해서 타는 방법이 있다고 일러주었지만 이미 김샜다. 우린 그냥 튜브에 몸을 싣고 운하를 떠내려가는 젊은 남녀 한

쌍을 구경하는 것으로 만족했다.

오카나간 호수를 따라 조금 걷기로 했다. 반대쪽에서 딸 셋에 아들 하나, 그리고 강아지 한 마리까지 거느린 대가족이 기차놀이라도 하듯 줄을 맞추어 걸어오고 있었다. "아이들이 참 많네요." 은광이가 한마디 건네자 두 부부는 웃으며 고개를 저었다. "많지 않아요." 하나도 많다고 생각하는 우리나라 신혼부부들이 보면 기겁할 것이다.

캐나다는 사회보장제도와 교육제도가 잘 되어 있고 유해환경이 거의 없어 아이들을 기르기에서는 최고인 나라다. 부모가 공부를 강요하는 것도 아니고, 아이들이 삐딱하게 자랄 확률도 거의 없으니, 대부분 곧은 심성으로 건강하게 잘 자란다. 당연히 가족 관계도 좋다. 한국인이 전통적으로 부모와 자식 관계가 친밀하고 효성이 지극하다고 말하는데, 캐나다인들을 보면 오히려 우리가 밀리지 않을까 싶다. 캐나다에 왔더니 효자가 너무 많다며 놀라는 사람들이 한둘이 아니다.

아마도 여기에는 우리처럼 부모와 자식 사이에 의무와 책임, 돈 문제 등이 얽히고설키지 않았기 때문이라는 것이 가장 큰 이유일 것이다. 한 발짝 떨어져서 서로의 행복만 빌어줄 뿐 상대로부터 바라는 것이 없기에 가능한 일이다. 우리도 이제는 부모로서 욕심을 버릴 때가 되었는데 그게 그렇게 쉬운 일이 아니니…….

인디언의 전통을 그대로 간직한
와이너리 잉카밉

펜틱턴에서 97번 도로를 타고 오소유스까지 내려오는 길은 몇 번씩 숨이 멈춰질 정도로 아름다워 절로 탄성이 터지는 길이다. 스카하 호수와 바주어(Vaseux) 호수가 그림처럼 이어지고, 과거에는 선인장과 세이지로 뒤덮였던 사막 평원이 지금은 온통 초록의 포도밭과 과수원으로 변했다.

한 시간쯤 걸려 도착한 곳은 오소유스. 이곳이 바로 캐나다 유일의 사막기후 지역이다. 즉, 최저 강수량에 최고 기온으로 호수 물의 온도마저 따뜻하다. 오소유스는 인디언 말로 '물길이 좁아지는 곳'이란 뜻이라고.

그런데 이 사막기후가 북미 최고의 와인을 길러낼 줄이야! 인근에 넓은 호수가 있어서 얼마든지 물을 끌어다 쓸 수 있으니 뜨거운 태양에 풍부한 물을 가진 천혜의 와인 산지가 된 것이다.

오소유스에서 생산되는 와인은 세계 어느 나라 와인에 견주어도 손색이 없다고 한다. 캘리포니아, 심지어 프랑스와도 맞먹을 정도라고.

대장도 와인을 무척 좋아하는 편이고, 용권이도 인사동에서

500평이 조금 넘는 공간에 최고 1만 8,000개의 몸통만 한 와인통이 저장된다고 한다.

음식점을 운영하면서 와인 공부를 꽤 많이 한 모양이다. 오소유스에서 포도주 양조장을 방문하는 와이너리 투어를 하면 어떻겠냐는 제안에 다들 웬 횡재냐는 표정이었다. 그런데 가만있으면 둘째라도 갈 걸, 기어이 한마디 하고야 마는 용권이.

"아니, 형! 캐나다에서도 와인을 만들어요? 처음 듣는 소린데……."

은광이는 씨익 웃고, 대장과 나는 혀를 끌끌 찼다. 하기야 한국에서는 캐나다 와인을 접해볼 기회가 그리 많지 않을 것이다. 아직도 와인은 프랑스산, 혹은 유럽산이라는 편견에서 벗어나지 못하는 사람들은 미국산 와인이나 캐나다산 와인을 맛보고는 깜짝 놀란다. 특히 오카나간 밸리에서 가장 우수한 품종으로 인정받는 메를로(Merlot)는 와인 초보자들도 마셔보면 눈이 휘둥그레진다.

주요 와이너리 투어

잉카밉 와이너리 셀라
- www.nkmipcellars.com
- 250-495-2985
- 1400 Rancher Creek Road, Osoyoos

클럽 와인 투어스 Club Wine Tours
- www.clubwinetours.com
- 250-762-9951
- 테이스터 익스프레스 투어(3시간)부터
밸리 와인 투어, 디너 와인 투어 등 다양
한 프로그램이 있다.

**디스커버 오카나간 투어스
Discover Okanagan Tours**
- www.discoverokanagantours.com
- 250-763-1161
- C$79~105까지 4가지 코스

**오카나간 와인 페스티벌
Okanagan Wine Festival**
- www.thewinefestivals.com
- 250-861-6654
- 봄, 여름, 가을, 겨울 계절별로 개최하
며 매년 날짜가 변동된다.

**대사음회
Grand Final Consumer Tasting**
60개 포도원의 240종 이상의 와인을 맛
볼 수 있는 이벤트.
- 10월 초순 이틀간

2진의 명진이가 오면 와인에 대한 궁금증은 언제든 풀 수 있을 것이다. 광고기획사에서 일하는 틈틈이 와인 공부를 하여 소믈리에 자격증을 갖고 있으니 말이다. 어쨌든 오늘은 우리끼리 와이너리 투어에 나서보기로 했다. 와이너리 투어라? 왠지 격조가 느껴지지 않는가. 갑자기 우리가 굉장히 문화적이고 품위 있는 사람들이 된 것 같았다.

오카나간에서 와이너리를 찾는 것은 그리 힘든 일이 아니다. 드라이브를 하다가 곧잘 눈에 띄는 '와인 루트(Wine Route)'라는 표지판을 따라가면 그곳에 와인 양조장이 있다. 보통 와이너리 투어는 와인 만드는 과정을 보여주고 몇 가지 종류를 마셔보는 시음의 기회도 준다. 하지만 무료 또는 단돈 5달러를 내고 근사한 대접에 시음까지 끝내고 나면 도저히 빈손으로 걸어나올 수가 없다. 결국 와인 한두 병을 사야 마음이 편한 것이다.

나는 이미 오소유스의 잉카밉 셀라(NK' Mip cellars)를 점찍어둔 상태였다. 특이한 이름을 지닌 데다 북미에서 유일하게 원주민, 즉 인디언들이 소유하고 있는 와이너리라는 사실에 호기심을 느낀 것이다. 그래서인지 인근 와이너리 중에서도 오소유스의 잉카밉 셀라가 투어 방문객이 가장 많다고 한다.

하지만 생각보다 원주민의 숫자는 그리 많지 않았다. 와이너리 투어를 안내하던 가이드는 며칠 전에 아기가 태어나 오소유스의 원주민 인구가 한 명 더 늘었다며 자랑했다. 369명에서 370명이 된 것이다.

와이너리 투어는 포도밭에서 시작해 포도를 으깨는 과정, 발효실, 숙성실, 저장고, 시음장과 판매점 등을 차례로 들르는 순서였다. 발효실에 있는 탱크 용량을 물어보니 큰 것은 1만 4,000리터를 담는다고 한다. 순간적으로 머릿속이 바빠졌다. 750ml 병에 담는다면 약 2만 병, 한 병에 20달러씩만 잡아도 무려 40만 달러. 탱크 하나에서 나오는 와인이 40만 달러라면 저 열댓 개나 되는 탱크에서 나오는 와인의 가치는 도대체 모두 얼마란 말인가? 이게 수학 잘하는 한국인들의 병이다. 여기 사람들 같으면 이런 계산은 아예 엄두도 내지 않을 텐데 말이다.

결국 허 대장이 와인 두 병을, 용권이가 와인 한 병을 사고야 말았다. 대장은 피노 누아르(Pinot Noir)와 함께 잉카밉 와이너리가 새롭게 만든 레이블인 '큐엠규엠트'의 2003년산 메를로를 샀고, 용권이는 2003년산 화이트 와인 샤르도네(Chardonnay)를 샀다. 덕분에 가난한 은광이와 나는 호주머니에 손 넣고 구경만 할 수 있었다.

투어가 끝나고 나오는 길에 바로 옆에 붙어 있는 잉카밉 문화센터에 들렀다. 시간이 늦어 문을 닫았지만 매니저 샬롯(Chalotte)이 직접 나와 안내를 자청했다. 이곳은 오소유스 원주민들의 생활상과 문화에 대한 소개와 사막지형에 사는 야생동물에 대한 연구를 병행하고 있었다. 특히 방울뱀의 서식 행태에 대한 연구는 꽤 인상적이었다. 수십 마리의 뱀에게 신호발생기를 달아 계절별로 그들의 이동 경로와 서식지를 조사해놓았다.

원주민 생활상을 재현한 마을을 안내받으며 그들이 살았던 주거 형태도 둘러보았다. 세월이 바뀌면서 점차 그네들 언어를 상실해가는 것이 좀 안타까웠다. 샬롯도 자기 부족의 언어를 모른다고 솔직히 고백했다.

잉카밉 문화센터에서는 오소유스 원주민들의 생활상과 문화를 소개하고 있다. 과거에는 저런 움막집을 짓고 3대가 살았다고 한다. 이런 주거환경을 지금도 고집할 수는 없겠지만 그들 고유의 문화와 언어를 잃어가는 것은 안타깝다.

인디언 박물관 내부 모습

대장이 손바닥만 한 원뿔형 집 안을 슬그머니 들여다보고는 의외의 질문을 던져 샬롯의 눈이 동그래졌다.

"한 가족이 이 안에서 함께 살았단 말입니까? 그러면 아이는 언제, 어떻게 만드나요?"

샬롯은 얼굴을 붉히며 고개만 설레설레 흔들었다. 모른다는 뜻인지, 어이없다는 뜻인지 잘 모르겠다. 우리 모두 '이 여자, 시집 안 간 순진한 처녀인가 보다' 하고 생각했다.

'U-pick' 직접 과일을 따는
김씨 과수원

사실 잉카밉 와이너리에서 와인투어를 하기 전에 사건이 하나 있었다. 97번 하이웨이를 타고 오소유스로 향하다가 3번 하이웨이를 만나기 직전이었다. 길가에 'Kim's Orchard'란 간판이 나타났다. 우리 말로는 '김씨 과수원'이 분명한데 캐나다에도 킴이란 이름이 제법 흔하기 때문에 한국인 김씨를 의미한다는 보장은 없었다. 그래도 아무 걱정 없이 초인종을 눌렀다. 이미 한국인 한 가족이 오소유스에서 체리 과수원을 하면서 정착해 산다는 이야기를 들은 터였기 때문이다.

우리가 한국 사람임을 첫눈에 알아보고 반가워하는 김해동 씨. 'Kim'이란 간판을 보고 무작정 들어왔노라 하니 껄껄 웃으신다. 서로 통성명을 하고 만화가라는 대장의 신분까지 밝혔지만 대장 이름을 들어본 적이 없는 눈치였다. '저런! 오소유스까지는 대장 이름이 알려지지 않은 것을 보니 세계화가 아직 멀었구먼.' 나 혼자 생각했다.

김 선생은 체리철도 아닌데 무슨 바람으로 여기까지 왔느냐고 묻는다. 왜냐하면 김씨 과수원은 체리만 재배하기 때문에

6~7월 수확기에만 사람들이 찾아온다는 것이다. 우린 그냥 지나가다 들렀다고 했다.

우리는 과수원 입구 간판에 적힌 '유픽(U-pick)'이 무슨 뜻인지 물어보았다. 말 그대로 '당신이 직접 따라!'는 의미라고 한다. 과일 수확기에는 일손이 부족하기 때문에 과일을 원하는 사람들이 직접 따서 가져가게 하는 것이다. 물론 공짜는 아니다. 얼만큼 땄는지 무게를 재서 시중보다 저렴한 가격에 판다.

그러나 유픽이 과수원에 반드시 득이 되는 일은 아니라고 한다. 농사일을 해보지 않은 사람들이 나무에 손상을 입히고 사다리에서 떨어지는 등 안전사고가 자주 발생한다는 것이다. 그래서 과일의 품질이 떨어지는 것, 상품을 수확하고 남은 잔챙이들을 유픽으로 내놓는 경우도 있다고 한다. 6월 중순에서 7월 말까지는 체리가 한창이고, 8월에는 복숭아, 9월이면 사과가 제철이라 한다. 덕분에 체리 유픽은 못했지민 김 선생의 안내로

옆집 과수원에서 끝물인 복숭아와 사과 유픽을 할 수 있었다.

김해동 씨는 홀로 과수원을 지키며 살아간다. 자녀들 공부 때문에 부인은 밴쿠버에 나가 있어 기러기 아빠로 혼자 살고 있다. 하긴 밴쿠버와 오소유스 사이엔 바다가 없으니 기러기 아빠라기보다는 주말부부란 표현이 더 어울릴지도 모르겠다. 가족이 없어 사람이 그리웠던 것일까. 집 뒤뜰에 텐트를 치겠다는 우리를 자꾸 집 안으로 잡아끈다. 밖에서 자려는 사람에게 집 안으로 들어오라는 소리는 엄청난 유혹이 아닐 수 없다. 사실 텐트를 치고 걷는 것도 시간이 걸리는 일인 데다 아침에 물기를 털어내는 일 또한 여간 성가신 것이 아니기 때문이다. 서로 눈치를 보다가 대장의 눈짓 한 번에 집 안으로 우르르 들어갔다.

대신 저녁은 우리가 준비하기로 했다. 드디어 은광이가 평소 갈고닦은 음식 솜씨를 뽐낼 시간이 온 것이다. 캐나다에서 7년 동안 보드 선수로 활동히던 시절, 집에서 먹던 된장국과 김치찌개 맛이 너무 그리워, 혼자서 요것조것 만들어보다가 굉장한 요리사가 되어버린 것이다. 은광이의 요리 솜씨는 백두대간 팀과 여러 명산 여행을 하면서 대장의 합격 점수를 받았다. 그래서 애초부터 대장은 이번 여행을 준비할 때 은광이를 전속 요리사로 점찍어 데려온 것이다.

된장국 끓이는 냄새가 시장기를 북돋울 즈음, 하늘에는 보름달이 두둥실 떠올랐다. 서늘한 초가을 날씨까지 그렇게 싱그러울 수가 없었다. 주방장을 재촉해 저녁식사를 일찍 마쳤다. 한시라도 빨리 오소유스 호숫가로 나가고 싶었던 것이다.

낮에 잉카밉에서 구입한 와인 세 병을 들고 호숫가에 자리를

옆집 과수원에 가서 사과 유픽을 했다. 우리는 이리저리 사다리를 옮기며 어설프게 사과를 따는데 과수원 사람들은 커다란 기계를 끌고 와서 초보들의 기를 꺾었다

잡았다. 달이 훤히 비추는 가을밤에 호숫가에 앉아 술잔을 기울이는 이런 낭만을 기다렸던 것이 아니겠는가. '갓 괴어 익은 술을 갈건으로 받아놓고, 꽃나무 가지 꺾어 수놓고 먹으리라.'는 〈상춘곡〉의 구절이 절로 떠오른다. 아, 좋구나!

오소유스의 김해동 씨(60세).
11년째 이곳에서 과수원을 하고 계신다.
오랜만에 한국 사람들을 만나서인지 계속 세금 강좌.

캐나다–미국 국경과 평행선을
달리는 3번 하이웨이

아직까지 텐트와 침낭을 한 번도 펼쳐보지 못했다. 오늘은 아마
도 이번 캐나다 여행에서 첫 야영을 하게 되리라. 우리가 묵게
될 곳은 워터턴(Waterton) 호수 국립공원 안의 타운사이트 야영
장이다. 성수기 직후인 숄더시즌(Shoulder Season)이라 자리를
구하는 데 큰 문제는 없겠지만 어쨌든 선착순 입장이니 서두르
는 것이 안전했다.

하룻밤 신세를 진 김해동 씨와 아침식사를 함께한 후 작별인
사를 했다. 김해동 씨는 떠나려는 우리에게 야영생활에 필요할
테니 대형 버너를 꼭 가져가라고 하신다. 짐도 많고 조리도구
도 많으니 괜찮다고 사양하는 우리에게 한사코 버너를 챙겨주
시는 김해동 씨. 그런데 이 버너가 없었으면 어쩔 뻔했나. 그 후
로키에서 2진이 합류하고 8인분 식사를 하루 세 끼씩 요리해야
했을 때 주방장 은광이는 이 버너 덕을 톡톡히 보았다.

나는 여행을 마치고 버너를 돌려주러 다시 들르겠다는 말과
함께 내년 7월에 가족과 같이 와서 체리 유픽을 꼭 하겠다는 말
을 남겼다. 물론 한국으로 돌아가야 하는 가출단의 다른 멤버들

3번 하이웨이를 따라 워터턴에 이르는 길

은 함부로 그런 약속을 할 수는 없을 것이다.

　오소유스를 떠나 워터턴 호수로 가는 3번 도로는 정말 아슬아슬하게 캐나다-미국 국경선과 일정 거리를 유지하며 평행선으로 달린다. 어느 교차로에서건 오른쪽으로 핸들을 꺾으면 바로 미국 땅이다. 미국 비자를 미리 준비했더라면 캐나다와 미국을 넘나들며 여행할 수도 있었는데……. 아쉬웠다. 여권과 비자를 모두 가지고 있는 사람은 은광이뿐이고, 허 대장과 용권이는 비자를, 나는 여권을 챙겨오지 않았다. '미국, 뭐 볼 것 있냐. 캐나다가 더 좋다.' 우리는 스스로 위로하며 계속 나아갔다.

　외국을 여행하다 보면 우리나라처럼 국경선이 엄격한 나라도 없는 것 같다. 좁은 국토의 삼면이 바다로 둘러싸여 있는데다 북으로는 휴전선을 사이에 두고 남북이 총구를 겨누고 있

으니 말이다. 1980년대 유럽에서 처음으로 자동차 여행을 했
을 때, 여권심사도 없이 그냥 국경을 넘어 다른 나라로 들어가
는 경험을 하고 얼마나 큰 문화적 충격을 받았던가. 국경 지역
의 주민들은 아침에는 자기네 나라에서 밥 먹고, 점심에는 이
웃 나라에서 쇼핑을 하다가 저녁에는 다시 자기 나라로 돌아와
잠자리에 드는 이중생활을 정말 아무렇지도 않게 해낸다. 유럽
통합 이후엔 아예 국경 검문소조차 없어져버렸다. 우리는 상상
하기 힘든 일이다.

　캐나다는 우리와 좀 다르다. 삼면이 바다로 둘러싸인 것은 우
리와 같다고 치더라도 육로로는 미국과 자유롭게 왕래한다. 하
지만 9·11 사태가 있은 후부터는 캐나다에서 미국으로 들어가
는 것 역시 까다로워졌다. 국경선이 우리나라처럼 엄격해지고
있다는 이야기다.

지나치기엔 너무 아름다운
크리스티나 호수

오소유스에서 워터턴까지는 앨버타 주 경계선을 넘어 장장 예닐곱 시간을 달려야 하는 먼 여정이다. 3번 하이웨이를 따라 끝없이 동으로 달렸다.

11시가 조금 지났을 즈음 크리스티나(Christina) 호수가 있는 조그만 마을이 나타났다. '어라? 큰딸 이름과 똑같은 호수가 있네.' 하며 무심코 마을을 지나치려는데 뒤차에 있던 대장으로부터 무전이 왔다.

"우리 지금 바쁘냐? 괜찮으면 호숫가로 내려가 점심이나 해먹고 가자."

점심을 하기엔 너무 이른 시각이었다. 하지만 대장은 이 아름다운 호수를 그냥 스쳐지나기에는 아쉬운 모양이다. 주차를 하고 호숫가로 내려가니 조그만 모래사장 옆에 선착장이 보인다. 참새가 방앗간을 그냥 지나칠 수 있으랴. 점심은 잠시 미루고 마리나에서 소형 보트를 하나 빌려 호수 탐험부터 해보기로 했다.

"애개, 이게 보트예요?" 용권이는 우리가 탈 보트를 보더니

실망하는 표정이다.

"우리 중에 스피드보트 운전해본 사람 있어? 없지? 그럼 이
걸 타! 이것도 모터 달렸잖아."

초보 주제에 씽씽 달리다가는 거대한 호수에서 뒤집히기 십
상이다. 워낙 호수가 크다 보니 살랑거리는 바람에도 제법 파도
가 인다. 한 사람씩 돌아가면서 키를 잡아본다. 모두 장난기가
가득해져 자기 차례가 오면 신이 나서 운전한다. 조금만 속력
을 내도 뱃머리에 파도가 부딪혀 물을 뒤집어쓴다. 찬물이 몸에
닿을 때마다 "이크!" "엇, 차가워."를 연발하면서도 마냥 즐거운
표정이다. 온몸이 젖는 것도 금세다. 다들 보트 키를 잡아보는
건 태어나서 처음이라는데 개중에는 은광이가 제일 폼이 났다.

마리나 관리실에 양해를 구하고 야외 테이블에서 축축한 바
지를 입은 채 말리며 라면을 끓였다. 호수 건너편에서 주인들
과 보트를 타고 건너온 견공들이 라면 냄새를 맡고는 우리 곁으
로 와서 요란하게 꼬리를 흔들었다. 우리 인심으로라면 국물 한
국자 떠주고 싶었지만 주인 허락을 받지 않았으니 그리 할 수는

소형 보트는 속력을 조금만 올려도 물
이 튀어 올라 온몸이 다 젖는다.
물으로 올라와 젖은 옷을 입은 채로 햇
볕에 말리고 있다.

없었다. 여기서는 자기 소유가 아닌 애완동물에게 함부로 음식을 주는 것이 예의에 어긋난 행동이다.

그런데 그중에 덩치가 송아지만 한 녀석이 돌아가지도 않고 침을 질질 흘리며 끈질기게 꼬리를 흔든다. 강아지라면 사족을 못 쓰는 우리 대장, 휴지를 조금 잘라서 라면 국물을 묻혀 그 녀석에게 던져주며 한마디 했다.

“이게 한국 라면이다. 네 주인에게는 절대 비밀이다. 알았지?”

그 말을 알아들었는지는 모르겠다. 그 녀석도 캐나다 개니까 영어를 쓰겠지? 아무튼 그 녀석은 휴지를 덥석 받아먹더니 송아지처럼 쩝쩝거리며 돌아갔다.

던킨도너츠보다 백배 더 맛있는
팀 호튼스

다시 3번 하이웨이를 달리고 있다. 두어 시간을 더 달려 크랜브룩(Cranbrook)에 가까워지자 팀 호튼스(Tim Hortons)에 들러 커피와 도넛을 먹어보자고 제안했다.

팀 호튼스는 미국의 던킨도너츠처럼 캐나다에서 가장 유명한 도넛 체인점이다. 캐나다에서 가장 성공적으로 관리되고 있는 브랜드로 국민들의 사랑을 독차지하고 있다.

예상했던 대로 대장의 반응은 시원치 않다. 우리 허 대장은 라면은 잘 먹어도 햄버거, 콜라, 커피, 도넛 등의 서양 패스트푸드에는 늘 고개를 가로젓는다. 그래도 여기까지 왔는데 캐나다의 대표 단맛을 맛보고 가야 하지 않겠는가.

캐나다인들은 단맛을 무척 좋아한다. 모든 종류의 빵에 메이플 시럽을 잔뜩 얹어 먹는 걸 보면 거의 단맛에 환장했다고 표현해도 좋을 것 같다.

예상했던 대로 단맛을 내는 모든 종류의 도넛이 진열되어 있었다. 팀 호튼스는 처음에는 커피와 도넛, 두 가지 메뉴로만 장사를 시작했지만 지금은 커피와 도넛에 머핀, 케이크, 파이, 크

캐나다 최고의 브랜드로 3년 연속 1위에 오른 커피·도넛 체인점, 팀 호튼스. 캐나다 하키 영웅 팀 호튼이 1964년에 세웠다.

루아상, 쿠키, 베이글 등 메뉴 종류가 30가지가 넘는다.

게다가 전 세계적으로 불어닥친 커피 신드롬 때문에 최근 몇 년 사이에는 카푸치노와 카페라테 등 스타벅스와 맞먹을 정도로 커피 메뉴도 늘렸다. 캐나다에도 스타벅스가 있지만 팀 호튼스의 명성에는 맥을 못 춘다.

우리는 도넛 몇 개와 바게트, 그리고 칠리 수프가 나오는 칠리콤보라는 메뉴를 시켰다. 도넛을 한 입씩 베어 물더니 다들 너 나 할 것 없이 "우왓, 왜 이렇게 달아?" 하며 비명을 지른다. 한 개씩 먹더니 너무 달다며 더 이상 도넛을 집는 사람이 없었다. 내 손만 부지런히 움직일 뿐이다. 커피와 함께 먹으면 그런대로 먹을 만하다. 모 도넛회사의 광고 카피에도 있지 않던가. '커피 & 도넛'이라고……

팀 호튼스의 칠리콤보

북미에서 가장 빠른 바람 치누크

"아니, 지금이 몇 시야?"

갑작스런 내 외침에 다들 손목시계를 본다. 운전하면서 차 안의 시계와 도로 옆에 있는 시계탑의 시간이 한 시간이나 다른 것을 발견했기 때문이다. 크랜브룩을 지나면서 이미 시간변경선을 지났단 말인가? 우리는 브리티시컬럼비아 주와 앨버타 주의

경계선이 시간변경선인 줄 알고 있었는데 실질적으로는 크랜브룩이 그 변경선이었나 보다. 나중에 돌아올 때 되돌려받기는 하겠지만 어쨌든 눈 뜨고서 한 시간을 빼앗겨버린 것이다.

"자, 각자 시계를 한 시간 빠르게 고친다. 실시!"

땅덩이가 넓은 캐나다답게 지역별로 서로 다른 시간을 쓴다. 지구 전체가 24개의 시각대를 쓰고 있고, 캐나다는 그중 6개를 쓰고 있다. 동쪽에서부터 뉴펀들랜드 시각대(NT), 대서양 시각대(AT), 동부 시각대(ET), 중부 시각대(CT), 산악 시각대(MT), 그리고 태평양 시각대(PT)가 있다. 서쪽에서 동쪽으로 갈수록 한 시간씩 빨라지다가 가장 동쪽에 있는 뉴펀들랜드 시각대는 30분 차이가 난다. 브리티시컬럼비아 주 대부분 지역은 태평양 시각대를 사용하지만 로키산맥에 인접한 지역은 산악 시각대를 따른다. 우리가 들렀던 팀 호튼스가 있는 크랜브룩도 행정구역

북미 지역에서 가장 풍속이 빠르다는 핀처크릭에 세워진 풍력발전기의 행렬이 인상적이다.
황혼이 내린 황야에 기묘한 아름다움을 더해주고 있다.

상으로는 브리티시컬럼비아 주에 속하지만 산악 시각대를 따르는 곳이었다.

북미대륙처럼 땅덩이가 넓은 나라를 여행하려면 항상 시간변경선에 신경을 써야 한다. 아차 하면 약속시간에 한두 시간 늦을 수도 있고, 너무 일찍 도착해서 기다릴 수도 있기 때문이다.

한 시간을 빼앗겼다고 생각하니 갑자기 마음이 조급해졌다. 부지런히 달려 드디어 브리티시컬럼비아 주와 앨버타 주의 경계선, 즉 대륙분기점을 넘어섰다. 해질녘의 산과 호수가 이루어낸 수려한 풍경을 차창 밖으로만 보는 것은 아쉬웠다. 빨리 캠핑장에 도착해서 텐트도 치고 밥도 해야 했기 때문이다.

대륙분기점을 넘어 조금 더 달려가니 '프랭크 슬라이드(Frank Slide)'라는 표지판이 눈에 띈다. 프랭크 슬라이드란 1903년에 일어난 대규모 산사태이자 그 사고현장을 뜻한다. 하룻밤 사이에 터틀(Turtle) 산 정상에서 약 8,200만 톤의 돌들이 무너져내려 그 아래 있던 마을을 덮쳤다. 곤히 잠자고 있던 마을 주민 600명 중 70여 명이 참사를 당했다. 이 사고로 마을의 호수가 돌에 잠기고 광산도 폐쇄되기에 이르렀다. 당시 찰리라는 남자가 돌에 깔린 채 한 달을 버텨 마침내 구조되었으나 갑작스런 영양 공급으로 사망하고 만 안타까운 사연도 있다.

워터턴 호수 국립공원을 50km 정도 남겨두고 또 하나의 절경이 눈에 들어왔다. 조용하던 차 안이 술렁거렸다. 황혼의 황야에 인간이 만들어놓은 조형물이 바람을 일으키며 씽씽 돌아가고 있었다. 바로 핀처크릭(Pincher Creek)의 상징물이 된 풍력발전기의 행렬이었다.

이곳은 북미대륙에서 풍속이 가장 빠르다. 로키산맥의 사면을 타고 치누크(Chinook)가 불어오기 때문이다. 그래서 풍력 터빈 100여 개가 줄지어 늘어선 대표적인 풍력발전 지역이 되었다. 이런 곳이 퀘벡(Quebec), 매니토바, 서스캐처원, 온타리오 등에도 여러 곳이 있는데 전력 생산량으로는 앨버타 주가 우위를 차지한다.

높이가 50m에 가까운 거대한 발전기들은 우리가 지나갈 때까지 계속해서 돌고 있었다. 잊지 못할 독특한 풍경 중 하나였다.

로키에서의 첫 산행지, 워터턴 호수 국립공원으로 진입하고 있다.

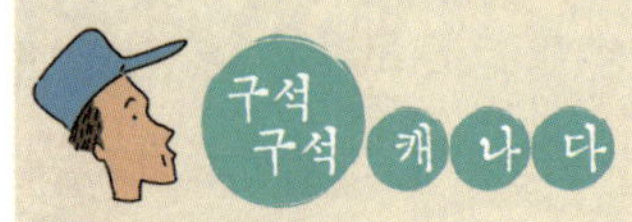

캐나다 와인 정보

캐나다 와인은 최근 국제와인대회에서 연속 1위를 거머쥐는 등 세계 최고의 품질을 인정받고 있다. 특히 잭슨 트릭스(Jackson Triggs) 와이너리의 와인들은 최근 몇 년 동안 무려 675가지의 상을 수상하면서 국제 와인 업계를 평정했을 정도. 지금 캐나다에서 와인은 메이플시럽과 함께 가장 많이 팔리는 효자 관광 상품이다.

캐나다가 이처럼 와인으로 명성을 얻기 시작한 것은 불과 30년이 채 되지 않는다. 북부에도 와인 산지가 있긴 하지만 역시 가장 유명한 것은 브리티시컬럼비아 주의 오카나간 밸리와 오대호(Great Lakes)와 나이아가라 폭포가 위치한 남부 온타리오 지방이다. 두 지역 모두 너무 덥지도 춥지도 않은 따뜻한 기후와 함께 풍부한 일조량 그리고 넓은 강을 통해 풍부한 물을 끌어들일 수 있어 최적의 당도와 산도를 지닌 포도를 생산해낸다. 특히 오카나간에서는 메를로, 북부에서는 오르테가(Ortega), 온타리오에서는 토종 포도인 라브루스카(Labrusca)를 비롯하여 피노 누아르 등이 큰 성공을 거두었다.

특히 아이스와인 분야에서 캐나다는 단연 세계 으뜸이다. 아이스와인이란 포도를 여름에 따지 않고 12월에서 이듬해 1월 겨울까지 밭에 그대로 두었다가 살아남은 포도들을 따서 만드는 와인이다. 꽁꽁 얼었던 포도였던 만큼 당도가 높고 향이 진하다. 아이스와인으로 제조할 수 있는 포도는 껍질이 비교적 두꺼운 리슬링(Riesling)과 비달(Vidal) 등 몇 가지 되지 않는다고 한다. 매년 1월에는 오카나간 선픽스(Sun Peaks) 리조트에서 2박 3일간의 아이스와인 축제가 열린다. 호텔에 머물면서 와인 장인들과 함께하는 정찬, 아이스와인 세미나와 함께 스키까지 즐길 수 있다.

캐나다와 미국의 국경이 일직선인 이유

일반적으로 국경선은 강이나 산을 따라 꼬불꼬불하게 나뉘거나 수많은 전쟁을 통해 복잡한 선을 그리게 된다. 유럽이 어느 대륙보다 복잡한 국경선을 가지는 이유는 그만큼 정복전쟁이 치열했기 때문이다. 그런데 미국과 캐나다의 국경은 북위 49도를 따라 거의 일직선이다. 이렇게 된 이유는 미국과 캐나다가 협상에 의해 지도상에서 반듯하게 선을 그어 국경을 나누었기 때문이다.

1812년 미국의 침공을 효과적으로 막아낸 캐나다는 국경 협상에 자신을 갖고 임하게 된다. 당시 가장 뜨거운 감자였던 뉴브런즈윅(New Brunswick)과 메인(Maine) 사이의 경계가 1842년 협상으로 타결을 보자, 다음은 그 서쪽 경계를 어떻게 긋느냐 하는 것이 문제였다. 로키산맥까지는 북위 49도로 국경을 나누기로 합의를 보았지만 현재 밴쿠버가 있는 로키 서쪽 지역은 어정쩡하게 두 나라가 공동으로 점유하는 상태로 남아 있었다. 하지만 한 지붕 두 가족 살림이 조용한 날이 있겠는가. 결국은 1846년 영국과 미국 사이에 오레곤 협약(Oregon Treaty)을 맺어 이 지역도 북위 49도선으로 연장하되, 밴쿠버 섬만은 전체를 영국에 할애하기로 합의하였다. 소련과 미국의 합의에 의해 일방적으로 그어진 우리의 38선을 떠오르게 하는 씁쓸한 역사다.

캐나다에는 몇 개의 호수가 있을까?

1,000개? 2,000개? 놀라지 말라. 혹자는 1,200만 개라고도 하고 또 어떤 사람은 1,500만 개라고도 한다. 하지만 물이 고여 있다고 모두 호수는 아니다. 깊이는 2m 이상, 크기는 1ha 이상이 되어야 하며 장기간 물을 보관할 수 있는 집수지 역할을 해내야 한다. 이러한 요건을 갖춘 호수는 캐나다에서 대략 300만 개라고 한다.

캐나다에는 왜 이렇게 호수가 많은 것일까? 땅이 크니까. 물론 틀린 답은 아니다. 하지만 빙하 때문이라는 것이 가장 설득력이 있다. 오래전 빙하기에는 캐나다 전역이 빙하로 덮여 있었다고 한다. 그

래서 캐나다 대부분의 호수는 빙하호고, 산이 있으면 그 안에 호수
가 있고 호수가 있으면 그 옆에 어김없이 산이 버티고 있다. 깨끗한
산과 호수가 절묘하게 어우러져 만들어내는 풍경이야말로 캐나다를
대표한다고 해도 과언이 아니다.

바람에 날려 물에 빠진 모자를 건졌다.
이제 여행 시작인데 모자가 없으면 안 되지.
특히 대머리인 허 대장에게는…….

캐나다인들에게 사랑받는 팀 호튼스

팀 호튼스라는 이름은 창업자인 팀 호튼의 이름에서 따온 것이다.
그는 캐나다가 배출한 북미하키리그 NHL의 영웅으로 22년간이나
NHL에서 활약하며 1,446회의 게임을 뛰었고 올스타에 6번 올랐으
며 스탠리컵을 4번이나 거머쥐었다. 그렇게 잘나가던 그가 은퇴 후
를 걱정해 조용히 시작한 가게가 바로 팀 호튼스다.

1964년 온타리오의 해밀턴(Hamilton)에 첫 가게를 열고난 후, 체인
점 사업에 나서 성공을 거두게 된다. 10년 후, 팀 호튼이 자동차 사고
로 숨지면서 사업 파트너였던 론 조이스(Ron Joyce)가 지분을 인수했
고, 체인이 점점 확대되면서 그 당시 40개였던 점포가 이제는 캐나다
에 2,700개, 미국에 330개로 늘어났다. 지금도 꾸준히 늘고 있는 추세
라니 하키 영웅은 저세상에서도 미소를 짓고 있으리라.

별 백만 개짜리 호텔
워터턴 호수 국립공원

어둑어둑해져서야 주린 배를 움켜쥐고 마침내 목적지인 워터턴 호수 국립공원에 도착했다. 중간에 먹고 쉬고 놀면서 오다 보니 열 시간 가까이 걸린 모양이다. 서울을 떠난 지가 벌써 4일째인데 오늘에서야 드디어 야영을 한다. 캠프사이트에 짐을 풀자마자 은광이는 저녁 준비에 들어가고 대장과 용권이와 나는 텐트를 설치하기 시작했다.

그런데 이게 웬일인가. 지금까지 야영 여행을 수백 번 넘게 하였고 오만 가지 종류의 텐트를 다루어봤지만 이번 텐트는 아무리 머리를 써도 설치법을 도통 모르겠다. 용권이가 서울에서 특별히 협찬을 받아 구해온 신제품이라는데 기존 텐트의 원리를 완전히 파괴한 제품인 모양이다.

한 시간이 넘도록 텐트를 설치하지 못하고 끙끙거리자 대장이 한마디 한다. "저런, 우리가 히말라야까지 다녀온 등반가들 맞냐?"

한 시간 반쯤 지났을 때 프레임을 이러저리 주물럭거리던 용권이가 한 가지 아이디어를 냈고, 그에 따라 설치해보니 그제

워터턴 호수 국립공원 관광안내소
❶ www.pc.gc.ca/eng/pn-np/ab/waterton/visit.aspx
📞 403-859-2224
🕐 매일08:00~19:00 (여름철 성수기 6/23~9/2일) / 그 외 기간은 단축 운영된다.
휴무 : 국립공원은 연중 오픈하지만 관광안내소 등 주요 시설은 10월 중순부터 5월 초순까지 휴무

야 아귀가 맞는 것이 아닌가. 아이디어맨 용권이가 아니었다면 캐나다 여행 내내 우리는 흙바닥에서 비박을 해야 했을지도 모른다.

텐트를 치느라 진을 빼긴 했지만 일단 쳐놓고 보니 대단한 물건이었다. 텐트라기보다는 거의 대형 돔에 가깝다. 성인 8명이 들어가서 뒹굴며 자도 충분한 크기였다.

여행할 때 주로 호텔에 투숙하는 사람들은 이런 야영 여행을 잘 이해하지 못할 것이다. 어떤 사람들은 야영이 춥고 위험하고 길바닥에서 자는 것이 불쌍해 보인다고 말한다. 여자들의 경우에는 잘 씻지 못하고 화장할 겨를은 물론 들여다볼 거울도 없으니 불편하긴 불편할 것이다. 하지만 야영을 해본 사람은 안다. 별 일곱 개짜리 호텔보다 별 백만 개짜리 호텔이 더 좋다는 것을!

캠핑이 좋은 이유는 우리를 자연의 속살로 안내해주기 때문이다. 마치 들고 다니는 숙소와 같다. 숙소에 맞춰 여행의 동선을 짜는 것이 아니라 여행의 동선 안으로 숙소를 데리고 가는 것이다. 원한다면 남들은 잘 모르는 깊은 숲 속 한가운데나 호숫가의 잘 알려지지 않은 곳에 나만의 즉석 비밀별장을 지을 수 있다.

쏟아질 것만 같은 별을 보며 잠에 빠져보라. 혹은 후두둑 떨어지는 빗소리를 들으며 과거와 현재, 미래의 일들을 고민하며 하룻밤을 지새어보라. 아침에 일어나서 몽실몽실 피어오른 물안개의 상쾌함을 가슴 깊이 호흡해보라. 단 한 번이라도 이 느낌을 제대로 맛보게 된다면 그때부터 호텔 여행은 시시해질 것이다. 어떤 화려한 호텔도 자연이 주는 위안과 평온은 감히 따라오지 못한다.

노란색 대형 텐트 안에서 우리 네 남자는 오랜만에 각자의 일에 빠졌다. 대장은 낮에 그려둔 스케치를 정리하고 용권이는 노트북을 펼치고 뭔가를 입력하고 있다. 은광이는 책을 읽는 듯하더니 금세 잠에 곯아떨어졌다. 나는 내일 있을 첫 로키 산행의 여정을 다시 꼼꼼히 체크했다.

밤 9시 40분. 서울이었다면 아직도 미처 못 다한 일로 거리를 헤매고 있을 시간이다. 아니면 9시 뉴스의 마지막 멘트를 들으며 내일의 날씨를 살피고 있을 것이다. 그곳에서 너무나 멀리 떠나왔기 때문일까. 아주 오래전의 일처럼 아득하게 느껴진다. 아니, 내가 정말 그곳에 살긴 살았던 것일까?

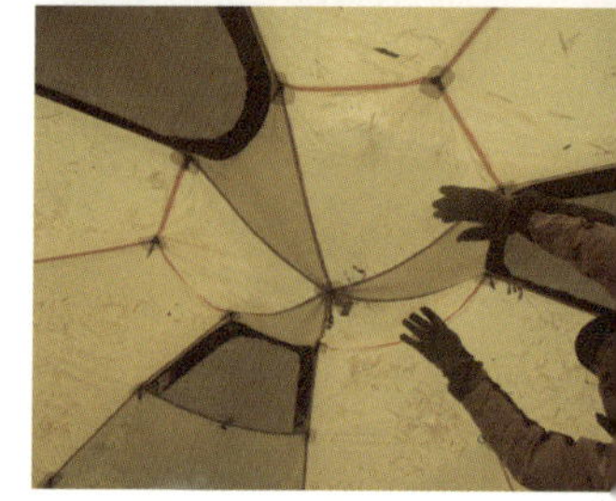

이번 여행을 위해 야심차게 준비한 8인용의 대형 텐트. 설치하는 방법이 복잡해서 애먹긴 했지만 호텔이 부럽지 않은 포근한 잠자리가 되어주었다.

로키, 이렇게 아름다우면
어쩌란 말이냐

다시 날이 밝았다. 아침 햇살이 눈부시게 텐트 안으로 빨려 들어오는 것과 동시에 상쾌하게 잠에서 깼다. 다들 부스스한 몰골로 텐트 밖으로 나가 기지개를 켠다. 숲 속에서의 하룻밤. 피톤치드(Phytoncide)로 영양 공급이라도 한 듯 온몸이 개운하다.

로키. 너를 만나기 위해 그토록 먼 길을 달려왔구나. 밴쿠버로부터 이틀. 서울에서부터 따지면 꼬박 사흘을 달려온 셈이다.

북엇국으로 아침밥을 든든히 챙겨먹고 길을 나섰다. 워터턴 호수 국립공원. 이곳이 우리의 첫 로키 출발지다. 원래는 크립트(Crypt) 호수가 있는 경로로 산행을 하려고 했는데 그리즐리(Grizzly) 곰의 출몰이 잦아 공원 당국에서 출입을 통제하고 있었다. 급히 카메론(Cameron) 호수로 방향을 틀었다. 이 코스도 여기서는 경치가 좋기로 소문난 곳이다. 셔틀버스를 이용해 카메론 호수에 도착한 후 산길을 걸어 마을까지 내려와야 한다. 거리는 19km. 산길이라 일곱 시간이 걸린다.

혹시 이곳에도 그리즐리가 있을지 몰라 베어건(Bear Gun)을 챙겼다. 조그맣고 총처럼 보이지 않아서 그런지 다들 웬 장난감이냐는 표정이다. 이건 곰을 잡는 총이 아니라 무지막지하게 큰 소리를 내서 곰이 달아나게 하는 총이라고 해도 못 미더워했다.

"에이, 이참에 한번 시험발사를 해봐?" 내가 농담을 하자 용권이가 맞받는다. "안 돼! 은광이가 놀라 도망칠지도 몰라! 그럼 밥은 누가 하라고?" 은광이의 '축복받은' 몸매가 그리즐리 곰과 닮았다고 놀리는 말이다.

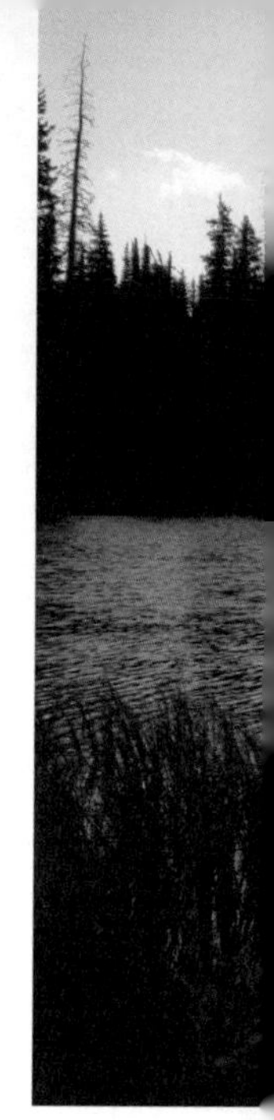

캐나다와 미국의 국경선이 카메론 호수 위로 그어져 있는 듯하다. 여기서부터 완만한 지그재그 길이 고산 초원지대(Alpine Meadows)까지 이어져 있다. 그냥 직선으로 길을 냈으면 시간을 배 이상 절약했을 텐데 왜 이렇게 지그재그로 만들어놨는지 우리 상식으로는 이해가 되지 않는다. 하지만 바로 그것이 자연에 대한 캐나다인들의 태도다. 빨리 오르기 위한 것이 아니라 천천히 자연을 음미하는 것이 이들이 산을 타는 이유이기 때문이다. 또 지그재그로 산길을 내면 경사가 더 완만해지기 때문에 무릎에도 무리를 주지 않는다고 한다.

하지만 개중에는 지그재그 길을 견디지 못하고 직선으로 질러가는 성미 급한 사람들이 있긴 있나 보다. 트레일 곳곳에 '길을 벗어나지 마시오(Stay on Trail).'라는 안내문이 붙어 있는 걸 보면 말이다.

카메론 호수를 출발해 한 시간쯤 걷자 고산 초원지대가 나타나고 곧이어 두 번째 호수인 서미트(Summit) 호수가 나타났다. 호수 건너에 채프먼 봉(2,866m)이 우뚝 솟아 있다. 바로 이어진 길인데도 그쪽은 미국 땅이다. 서미트 호수의 갈림길에서 오른쪽은 미국으로 가는 길이고 왼쪽은 마을로 내려가는 길

카메론 호수를 출발해 한 시간이면 고산 초원지대가 나타나고 곧이어 서미트 호수를 만날 수 있다.

인 것이다. 이게 다 미국과 캐나다의 경계선을 북위 49도 일직선으로 그은 데에서 비롯된 웃지 못할 현상이다. 지키는 사람이 없을 테니, 국경선에 한 발만 딛고는 돌아와 미국 다녀왔다고 자랑해볼까?

갑자기 세찬 바람과 함께 경사가 급해졌다. 다시 한 시간을 더 올라가자 미국과 캐나다를 동시에 볼 수 있는 카튜리지(Carthew Ridge)에 이르렀다. 능선을 타고 10여 분을 더 걸으니 전망이 아주 훌륭한 바위 정상이 나왔다.

바로 이곳에 서자, 우리 네 사람 모두 숨이 막혔다. 워터턴 호수 국립공원의 전망이 360도 파노라마로 눈앞에 펼쳐졌다. 저 아래에 두 개의 카튜 호수와 앨더슨 호수, 세 호수가 그림 같은 모습으로 연결되어 있었다. 함께 올라온 외국인 트레커들도 연신 "원더풀, 뷰티풀!"을 외치며 감탄했다. 나 역시 잠시 사진을 찍어야 한다는 본분도 잊은 채 바위 위에 넋을 잃고 서 있었다.

동쪽으로 멀리 대평원이 보인다. 남쪽으로는 미국 몬태나 주에 속하는 기기묘묘한 봉우리들이 서 있다. 몸을 돌리면 또 어떤가. 바로 눈앞에 앨더슨이라는 나무 하나 없는 벌거숭이 민둥산이 다양한 색깔의 속살을 보여주고 있다. 그 묘한 색감과 황량한 자태를 어떻게 표현해야 할지……. 손목에 찬 고도계는 해발 2,500m를 넘어섰다.

로키. 첫 산행부터 이렇게 아름다우면 어쩌란 말인가. 하늘과 산과 호수가 어우러지는 풍경에 다들 넋을 잃었다.

탁 트인 전망을 자랑하는
앨더슨 산 레스토랑

우리가 백두대간을 종주할 때 대장이 창안해낸 산행관이 있다. 바로 '우보산행'이다. 소처럼 천천히 걸으라는 그 말 속에는 '자신의 발걸음에 놓인 자연을 음미하면서 자연과 동화되자.'는 의미가 담겨 있다.

1년 전부터 캐나다 현지인들에게 우보산행의 의미를 설명하려고 몇 번 시도해봤지만 끝내 속 시원히 설명하지 못했다. 직역하면 'Walk slowly like a cow.'인데 그 말 속에는 우리말에 내포된 운치를 찾아볼 수가 없기 때문이다. 그게 내 영어 실력의 한계이니 누굴 탓하랴.

그런데 어느 날 산행 안내서를 읽다가 눈에 번쩍 띄는 글귀를 발견했다. 'Looking at scenery beats looking at your boots.' 번역하자면, 발밑만 열심히 보고 걷지 말고 경치를 즐기며 걸으라는 의미다. 드디어 대장의 평소 주장이 그대로 함축되어 있는 문구를 만난 것이다!

우리는 우보산행으로 로키를 걸을 것이다. 로키의 정상을 정복하러 온 것이 아니라 온몸과 마음을 열어 산과 나무와 호수와

고도 2,692m의 앨더슨 산 레스토랑

동화되기 위해 온 것이기 때문이다.

민둥산 앨더슨의 정상에서 우리는 찬밥에 김치, 어란 등을 반찬으로 맛있는 점심식사를 했다. 밥 한 숟가락 떠넣고 하늘 한 번 쳐다보고, 또 한 숟가락 떠넣고 호수 한 번 쳐다본다. 세상에서 가장 멋진 전망을 가진 만점짜리 레스토랑이다.

올라온 산은 아쉬워도 다시 내려갈 수밖에 없다. 그래야 또 다른 산을 오를 수 있기 때문이다.

앨더슨 호수를 지나쳐 이제 두 시간 정도 더 걸으면 마을이 나타난다. 그때 용권이가 불쑥 한마디 건넸다.

"근데, 형! 아침에 차 문은 잠갔수?"

"자동차 문?"

통 기억에 없다. 워터턴 빌리지 안에 있는 타마락(Tamarak) 사에서 호수까지 가는 교통편을 제공하기에 그 가게 앞에 차를 주차했다. 가게에 들어가 교통편 신청을 하고 밖으로 나와서 산행 준비를 했었지? 그리고? 차 문을 잠갔는지 안 잠갔는지 도무지 기억이 나지 않는다.

그때부터 머릿속이 복잡해졌다. 차 문을 잠갔을까, 안 잠갔을까에 온 신경이 곤두섰다. 만에 하나, 도둑이 우리 물건을 집어갔다면 앞으로의 여행은 엉망이 된다. 차 안에는 한국에서 가져온 노트북, 카메라 등의 고가 장비가 있다. 또 카고백에는 의식주에 필요한 온갖 장비들이 다 들어 있다. 혹시 몽땅 잃어버린다면? 만리타향 캐나다에서 노숙자로 전락할 수도 있다. 생각만 해도 끔찍한 일이다.

속이 타고 마음이 조급해지니까 우보산행이란 여유도, 물 한 모금 마실 틈도 없어졌다. 배우지도 않은 축지법이 절로 발휘되었다. 날 듯이 내려가는 내 뒤에선 천천히 가자고 아우성이다. 오히려 허둥대는 내 모습이 재미있는 모양이다. 일이 벌어진 뒤

워터턴 호수 국립공원.
아무리 생각해도 자동차 문을
안 잠글 것 같아 달리다시피 하산
했다.

라면 지금 뛰어가봐야 무슨 소용이란 말인가? 그저 하늘의 선처나 기다릴 일이 아니겠는가. 그래도 마음속으로는 '도둑님아, 제발…….' 하면서 '님' 자까지 붙여가며 기도했다.

냅다 달려 먼저 차에 도착했다. 손잡이를 당겨보니 스르르 열리지 않는가. 문 잠그는 것을 깜빡한 것이다. '이런 새대가리. 아니, 형광등인가?' 배낭을 짊어진 채로 여기저기 차 안을 뒤지며 물건들을 확인했다. "휴, 정말 다행이다." 이곳이 유명한 관광지임에도 불구하고 도둑님들이 다른 일로 바빴던 모양이다. 안도의 숨을 내쉰다. "도둑님, 고맙습니다."라고 외치면서.

산행 끝 지점인 워터턴 호수 빌리지가 멀지 않다. 산과 호수가 어우러진 뛰어난 풍경을 가지고 있는 곳이다.

카튜리지 아래에 있는 카튜 호수에 내려섰다. 이 호수를 따라 하산하면 워터턴 호수 빌리지가 나온다.

황홀한 달빛 아래 비박
워터턴 호수 국립공원

국립공원에서는 원칙적으로 술이 허용되지 않는다. 법 적용이 엄한 캐나다의 벌금은 우리 가출인들에게도 무섭기는 마찬가지다. 하지만 만리타향의 가출인들에게 없어서는 안 될 존재가 술이 아닌가. 더구나 야영이나 비박할 때는 술이 체온 유지를 위해 필수요소라 말한다. 하긴 이런 건 순전 핑계다. 진짜 이유는 산행 후 맥주 한두 잔으로 육체적 피로를 덜고 자연을 향해 마음을 터놓기 위함이 아닐까.

누군가 캠핑사이트 안에서는 음주가 가능하다고 했지만 직접 확인한 것은 아니기에 믿을 수가 없었다. 그러다가 적발되면 어디다 하소연한단 말인가. 우리 딴에는 신중에 신중을 기한다고 캔맥주를 신문이나 휴지로 감싸 마셨다. 아직까지는 운이 좋아서 적발되지 않았는지도 모르지만 설사 음주가 허용되지 않더라도 이 정도로 예의를 갖추었으니 공원 관리원도 눈감아줄지 누가 아는가.

워터턴 호숫가 캠핑장에 일찍 텐트를 치고 저녁 준비를 하면서 맥주를 한 잔씩 했다. 우리도 기본 에티켓은 있는 사람들이

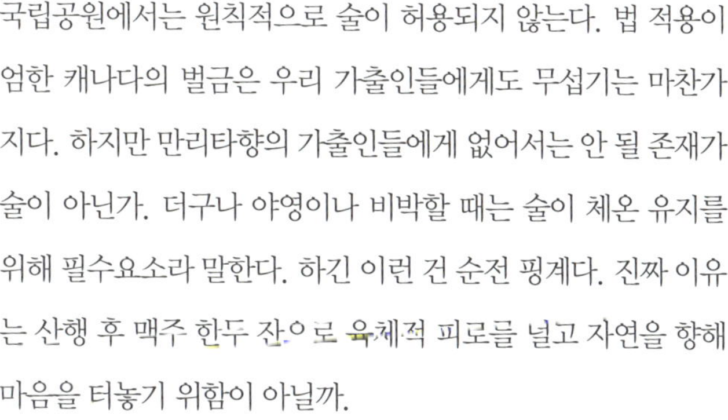

"

아닌가. 모두 휴지를 잘라 맥주 캔을 가렸는데 유독 은광이만 산행 때 신었던 양말을 꺼내 그 속에 캔 하나를 집어넣는다. 시원한 맥주에 향긋한 냄새까지 덤으로 즐기는 은광이만의 독특한 취미생활인 모양이다. 그 덕분에 양말이 맥주 캔 감싸는 데는 안성맞춤이란 사실을 알았으니 아예 아이디어 상품으로 개발을 해봐?

저녁이 일러서일까. 해가 떨어지기 전이다. 호숫가로 내려가 휘휘 산책을 하고 온 대장이 불쑥 한마디 한다.

"호숫가 자갈밭이 파도소리 들으며 비박하기엔 끝내준다. 오늘은 전원 비박을 하자."

엥? 그럼, 진작 얘기를 하시지. 텐트를 치느라 2명이 달라붙어 용을 썼는데 비박이라니……. 텐트 안에 깔아둔 매트리스와 침낭을 꺼내며 속으로 구시렁거린다.

사실 캐나다는 야생동물이 많아 비박을 권하지 않는다. 아니, 비박을 아예 못하게 하는 편이라고 이해하는 것이 좋다. 그

래도 대장 지시니 어쩌랴. 곰이 자주 출몰하는 지역이라고 이야기를 해도 오히려 곰을 만나보고 싶다고 하는 양반이니……

안경다리가 고장난 이남기는 밤낮 선글라스를 낀다.

캐나다 캠핑의 글을 책임진 이남기는 글 쓸 기미를 보이지 않는다.

우리는 훈련장에서 총을 질질 끌고 코스 이동을 하는 예비군 아저씨들처럼 대장을 따라나섰다. '음주대형'으로 매트리스와 침낭을 깔고는 안주거리와 독한 술을 마련했다. 지금은 그리 춥지 않지만 해발고도가 있는 지역인 만큼 새벽추위를 대비하기 위한 적절한 행동이었다. 하긴 이것 역시 핑계다.

출국 전 지인들이 선물해준 고가의 어란과 비행기 면세 양주가 기가 막힌 궁합을 이뤄냈다. 술이 한 순배 돌자 속이 후끈 달아오른다. 이 정도면 캐나다의 어떤 추위도 끄떡없겠다.

은광이에게 짐이 무겁지 않았느냐고 대장이 질문하는 순간 달이 두둥실 떠오른다. 완전한 보름달의 모양은 아니지만 광량은 충분했다. 한국에서 보는 달보다 훨씬 밝아서 조명이 필요 없을 정도였다. 같은 달일진대 캐나다의 달이 더 크고 밝으며 아름다운 이유는 무엇일까? 길 위에 있는 사람들을 위로하는

한밤중에 정면에서 누가 플래시로 나를 비췄다. '경찰이다! 이런 데서 자면 위험하니 자지 말라고……'라고 생각했는데, 자세히 보니 달이었다.

엄마 같은 마음인가? 갑자기 하늘의 별들이 모두 숨을 죽인다. 전혀 예상치 못한 자연의 선물에 모두 말을 잃었다. 용권이는 이 모습을 카메라에 담겠다고 엎드려 용을 쓰고 있고, "좋다, 좋다."만 연발하던 우리에게 대장이 갑자기 가슴을 뭉클하게 만드는 한마디를 던진다.

"나 벌써부터 행복해지려고 한다. 어쩌면 좋냐?"

바람은 달빛을 따라 부드럽게 얼굴을 스쳐가고 별들은 달에게 지지 않으려고 하늘 구석을 가득 메운다. 찰랑찰랑 호수의 파도소리는 또 다른 일행처럼 우리의 대화에 끼어든다. 이런 날씨와 기온을 주시고 조용한 아름다움 속에서 잠들게 해주시는 신께 감사하는 마음이 들었다. 내가 시인이라면 아니, 내가 시인이었다면 좋았을 것을……. 달밤을 노래했던 옛 시인들이 부러워졌다.

워터턴 호숫가의 자갈밭. 동쪽 하늘이 밝아오더니 둥근달이 떠올랐다.

워터턴 호수 국립공원에서의 비박. 황홀한 밤이었다.
이런 것이 가출 이유 중 하나.

푸아 푸아
어마어마하게 큰 세숫대야.

캐나다의 캠핑 문화 & 캠핑장 이모저모

캐나다인들은 대부분 캠핑 여행을 한다. 호텔 여행 비용이 무척 비싸기 때문이기도 하지만 어려서부터 자연과 함께하는 캠핑 여행에 길들여지고 그것이 호텔 여행보다 한 수 위라는 것을 잘 알기 때문이다.

테트를 치고 야영을 하는 젊은이들도 많지만 가족 단위의 여행객의 경우 캠퍼밴를 선호한다. 우리나라 오토 캠핑과 마찬가지로 차를 가지고 캠프사이트까지 들어갈 수 있다. 약 20~30달러 정도를 내면 주차공간과 함께 텐트를 펼칠 수 있는 공간, 그리고 테이블과 캠프파이어를 할 수 있는 화덕이 제공된다. 7~8달러를 추가로 내면 장작을 공급받을 수 있다. 단, 장작은 통나무 상태로 공급되기 때문에 이왕이면 도끼를 갖고 다니면서 장작을 패는 것이 좋다.

산속에 있는 캠핑장은 사정이 좀 다르다. 자연보호라는 측면에서 이런 캠핑장은 미리 허락을 받아야 하고 대개 1인당 하루 5달러 정

어두워지기 시작하자 캠프장 곳곳에서 장작 패는 소리가 들린다.

도의 사용료를 지불한다. 시설은 텐드사이트와 재래식 화장실이 전부다. 자동차로 접근이 힘들기 때문에 자신이 직접 텐트를 메고 가서 야영을 해야 한다. 이런 곳에서는 식량 보관에 특히 신경을 써야 한다. 텐트 안에 음식물을 두어서는 안 된다. 베어폴(Bear Pole)이라 하여 나무와 나무 사이에 줄을 연결해서 그 중간에 식량을 넣은 배낭을 매달아놓아야 한다. 그리고 음식물 쓰레기의 처치가 상당히 중요하다. 음식 냄새는 곰같이 위험한 야생동물을 야영장 근처로 불러들이는 가장 큰 요인이기 때문이다. 마지막은 전 세계 공통 사항으로 자신이 만든 쓰레기는 반드시 가지고 내려와야 한다.

캐나다 공원 지역에서는 원칙적으로 술이 허용되지 않는다. 음주를 하다가 적발되면 벌금이 만만치 않다. 단, 캠프사이트 내에서는 음주가 가능하다고 하지만 만취하거나 고성방가는 금물이다. 무엇보다도 이웃 캠퍼들의 눈총을 살 만한 짓은 하지 않는 것이 좋다.

이곳 캠핑장의 화장실 낙서. 우리 화장실이랑 똑같다.

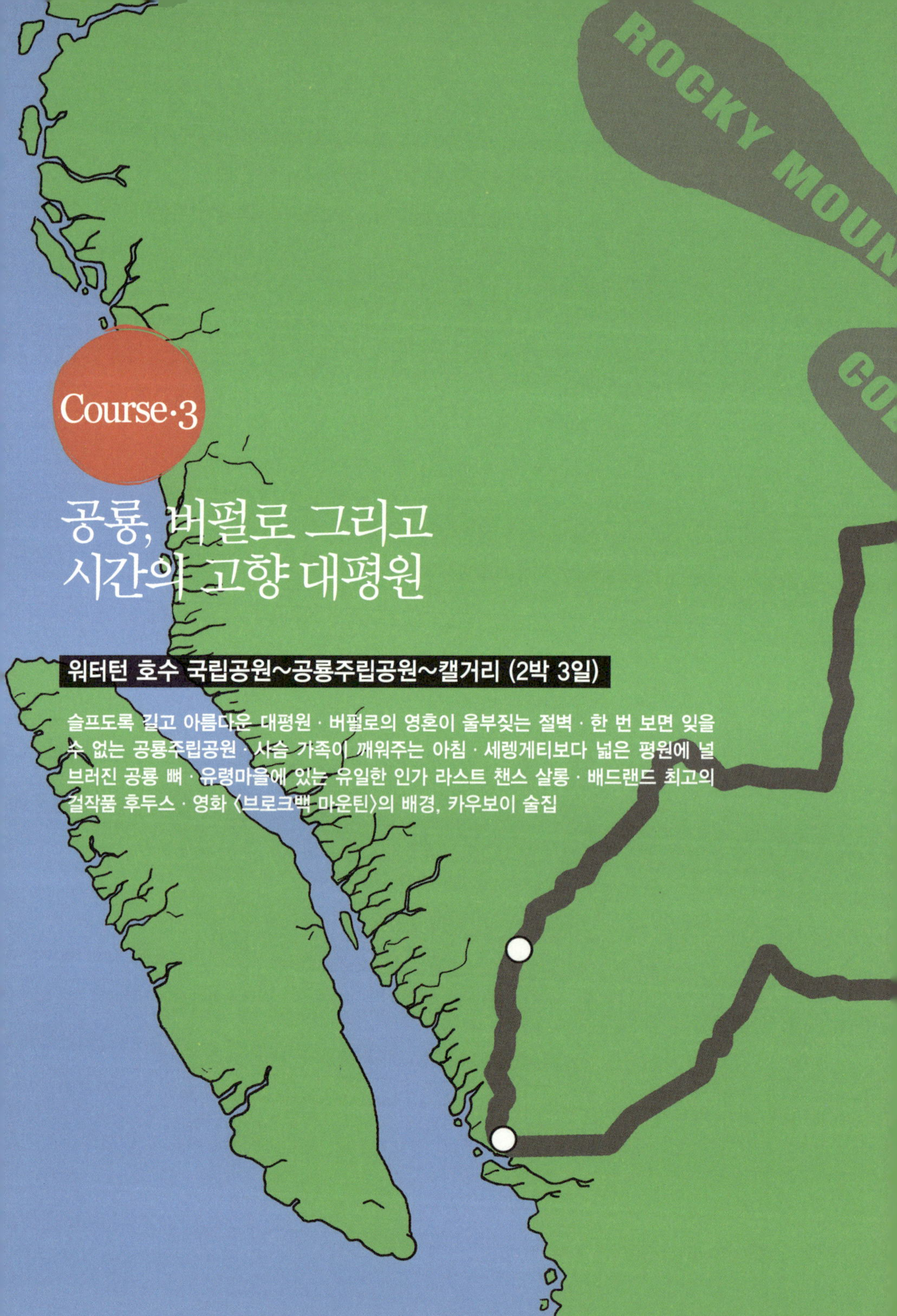

Course·3

공룡, 버펄로 그리고
시간의 고향 대평원

워터턴 호수 국립공원~공룡주립공원~캘거리 (2박 3일)

슬프도록 길고 아름다운 대평원 · 버펄로의 영혼이 울부짖는 절벽 · 한 번 보면 잊을
수 없는 공룡주립공원 · 사슴 가족이 깨워주는 아침 · 세렝게티보다 넓은 평원에 널
브러진 공룡 뼈 · 유령마을에 있는 유일한 인가 라스트 챈스 살롱 · 배드랜드 최고의
걸작품 후두스 · 영화 〈브로크백 마운틴〉의 배경, 카우보이 술집

COLUMBIA MOUNTAINS
NS
BIA MOUNTAINS
Calgary
Dinosaur Prov. Pk.
Waterton Lake National Park

슬프도록 길고
아름다운 대평원

끝도 없이 평탄한 초원이 벌써 몇 시간째 이어지고 있다. 우리는 지금 대평원 지역을 달리고 있다. 앨버타에서 시작하여 서스캐처원, 그리고 매니토바의 남부 지역까지 광활하게 펼쳐진 대평원. 총 넓이가 180만km²라고 한다. 미국까지 넘어가면 또 다른 140만km²가 있다. 너무 넓어서 도무지 'enormous'라는 단어나 'huge'라는 단어로도 성에 안 찬다. 그래서 캐나다인들이 'humongous(터무니없이 큰)'란 단어를 그토록 많이 사용

워터턴 호수 국립공원을 나온 후 계속되는 건 지평선뿐. 말로 표현할 수 없이 넓은 곳.
한반도에 살고 있는 우리는 너무 가난하다.

하는가 보다.

캐나다인들은 이 지역을 가리켜 '우리들의 빵 바구니'라고 부른다. 이곳이 전 국민이 다 먹고도 남아돌 만큼 많은 곡물을 생산해내는 비옥한 곡창지대이기 때문이다. 국경 너머 미국인들은 이 대평원을 'The Great Plain'이라 부르지만 캐나다인들은 지조 있게 'The Prairie'라고 부른다. 플레인은 단지 '평야'라는 뜻만 갖고 있지만 프레리는 '초원'이라는 풍요로운 의미를 갖고 있기 때문이다.

물론 이곳이 처음부터 비옥한 토지였던 것은 아니다. 오카나간의 사막이 인간의 힘으로 포도밭이 된 것처럼, 대평원 역시 불모지였던 것을 독일, 동유럽, 러시아, 우크라이나 등지에서 이주해온 이민자들이 피땀을 흘려 일군 것이다. 대평원의 이민사에 대한 기록을 읽어보면 이민자들이 살기 위해 얼마나 처절하게 몸부림쳤던지 눈물이 절로 난다. 한편으로는 이주민들로

이곳 기차는 길다. 화물칸이 어찌나 긴지 대충 세어봤더니 125칸이었다. 이낭기의 아이가 학교 가는 길에 철도 건널목이 있는데, 기차를 만났다 하면 틀림없이 지각이란다.

인해 핍박받았던 원주민의 역사도 숨어 있다.

혹시 가브리엘 루아의 《내 생애의 아이들》이라는 책을 읽어 보았는지? 대평원을 배경으로 쓴 소설집인데, 온통 이민자 아이들의 고단한 삶의 이야기들로 채워져 있다. 이야기를 관통하는 그 암울하고도 슬픈 분위기, 그러면서도 한없이 따뜻하고 서정적인 분위기가 너무나 매력적인 책이다. 가브리엘 루아는 캐나다의 국민작가로 우리나라로 치자면 박완서 같은 분이다. 대평원을 직접 보게 된다면 '아, 바로 이런 곳에 살기 때문에 그런 글이 나오는구나.' 하고 이해할 수 있을 것이다.

최근 몇 년 사이에는 이 지역의 엄청난 오일샌드가 화제가 되었다. 오일샌드는 말 그대로 모래석유인데 과거에는 정제하는 데에 너무 많은 비용이 소요되어 외면당하다가 최근 원유 가격이 급등하면서 개발에 활력을 띠게 되었다. 캐나다의 오일샌드 매장량은 엄청나다. 하루에 250만 배럴씩 쏟아내고 있는데 시추시설 투자가 점점 늘어나고 있어서 2015년경에는 생산량이 80퍼센트 이상 증가할 것이라고 한다.

앞으로 미국, 러시아, 사우디아라비아, 베네수엘라 외에는 캐나다의 생산량을 따라잡을 나라가 없을 것이라고. 덕분에 앨버타 주정부는 벼락부자가 되었다. 빚을 다 갚고도 돈이 남아돌아서 전체 주민들에게 1인당 400달러씩 현찰을 나눠주었고, 그래도 돈이 남아서 여기저기 복지서비스를 늘리고 있다고 한다. 세계 최대 곡물 생산지에 석유 생산지, 게다가 풍부한 관광자원까지, 여러 모로 부러운 나라가 아닐 수 없다.

온통 노란색 일색인 벌판. 초원이긴 해도 높은 산이 없을 뿐이지 해발 200m 높이부터 1,000m 고원지대까지 지대가 다양하게 나타난다. 국토의 70퍼센트 이상이 산으로 이루어진 나라에 살아온 우리들에게 이런 풍경은 참으로 생소하다. 한참 보고 있으면 아름다우면서도 어딘가 심심하고 무료해진다.

푸른 하늘과 누런 들판이 지평선에 맞
닿아 있는 대평원 지역. 간간이 '펌프잭
(Pump Jack)'이란 석유 시추설비가 눈
에 띈다. 방아깨비가 머리를 찧듯이 규
칙적으로 머리를 까딱거리며 열심히 펌
프질을 한다. 그래서 메뚜기라는 별명
이 붙었다.

버펄로의 영혼이
울부짖는 절벽

대평원 지역에서 우리가 처음으로 만나게 될 것은 버펄로다. 혹시 버펄로 점프(Buffalo Jump)라고 들어보았는가? 정식 이름은 '헤드 스매시드 인 버펄로 점프(Head-smashed in Buffalo Jump)'다. 직역하자면 '버펄로 점프에서 머리 으깨진 자'랄까? 오래전 원주민이 버펄로를 유인하여 떨어뜨려 죽였던 절벽을 칭하는 이름이다.

버펄로를 사냥하면서 수천 년간 이곳에서 살았던 사람들은 원주민인 블랙풋(Blackfoot) 부족이다. 이들은 처음에는 우리를 만들어 그 안으로 버펄로를 유인하여 사냥을 하다가, 그다음에는 늪이나 땅이 갈라진 틈새로 몰아 때려잡았고, 그러다가 이 절벽으로 버펄로를 유인하여 대량으로 죽이기에 이르렀다. 이렇게 잡은 버펄로는 블랙풋 부족의 겨울나기 식량이 되었으며, 가죽은 옷이 되고, 뼈는 움막집을 짓는 재료가 되었다고 한다. 블랙풋 부족은 1년에 딱 한 번 버펄로를 사냥했는데 약 100마리 정도로 반드시 생존을 위해 먹을 만큼만 잡았다고 한다. 알뜰하게 고기를 먹고 가죽부터 뼈까지 하나도 버리는 것 없이 활용하

헤드 스매시드 인 버펄로 점프 역사유적지

버펄로 점프의 관광안내센터
history.alberta.ca/headsmashedin/default.aspx
403-553-2731
매일 09:00~18:00 (성수기, 7/1~9/2)
매일 10:00~17:00 (비수기, 9/3~6/30)
여름에는 6시, 겨울에는 5시에 문을 닫으니 여유롭게 구경하려면 오전부터 서두르는 것이 좋다.

였으니, 이들을 잔인하다고 비난할 이유가 전혀 없다.

그런데 이 절벽의 이름이 왜 '……머리 깨진 자'일까? 어른들이 절벽 위에서 한창 버펄로 사냥에 여념이 없을 때 한 소년이 절벽 아래에서 버펄로가 떨어지는 것을 구경하다가 그만 버펄로 더미에 깔려 죽었다고 한다. 죽은 버펄로들을 수습하는 과정에서 소년의 으깨진 머리가 발견되었고, 그 뒤부터 이 절벽을 'Head-smashed……'라고 불렀다고 한다.

유럽 정착민이 들어오면서 버펄로에게는 악몽과 같은 세월이 시작된다. 버펄로의 뼈가 비료나 화약을 만드는 데 사용되면서 원주민들이 수백 년 동안 모아놓은 버펄로 뼈를 몽땅 빼앗아가버린다. 이것으로 그쳤으면 얼마나 좋았을까. 말이 들어오고 총이 도입되면서 버펄로에게 본격적인 비극이 시작되었다. 화약 원료를 구하겠다는 명분에 사냥을 즐기려는 사람들까지 더해지면서 마구 장총을 쏘아댄 것이다.

당시 버펄로 사냥은 일종의 오락이었던 모양이다. 오죽하면

대평원 지역을 지나다 보면 우연찮게 버펄로를 만나기도 한다. 모두 보호구역 안에 살고 있는 소수의 버펄로들이다. 예전처럼 수천 마리가 떼로 몰려다니는 장엄한 광경은 더 이상 볼 수 없다.

달리는 열차 안에서 장총으로 버펄로에게 총을 쏘아대는 사진
까지 전해지고 있을까.

　원주민들도 변해갔다. 창과 활을 들고 버펄로를 용감하게 절
벽으로 유인하던 블랙풋 부족은 더 이상 볼 수 없었다. 한 해
100여 마리만 생존을 위해 사냥했던 이들이 이제는 더 많은 총
을 사기 위해 더 많은 버펄로를 총으로 죽였다. 당시 물가를 표
시한 그림을 보니 버펄로 12마리의 가죽으로 겨우 장총 하나를
살 수 있었다.

　이때부터 버펄로의 숫자가 급격히 줄어들었다. 대평원을 가
득 덮었던 6,000만 마리의 버펄로가 19세기 중반에 들어서며 겨
우 1,000여 마리만 남게 되었다. 무분별한 총질로 아예 버펄로
를 몰살시켜버린 것이다. 지금 캐나다에는 야생 버펄 로는 아예
없고 보호구역 안에서 기르는 것들만 남아 있다.

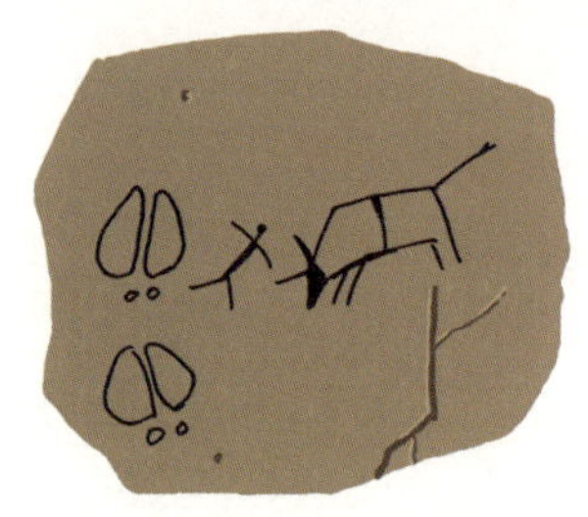

인디언 마을에서 나온 벽화의 일부분.
해석을 하면 버펄로에게 1명이 받혀 죽
었다?

말에 대해 새롭게 아는 것이 생겼다. 말이 가축으로 이용되기 시작한 것은 15세기에
스페인군이 멕시코로 가져온 말이 점차 북쪽으로 이동한 17세기 초부터라고 한다.
그때부터 인디언들이 말을 다루기 시작했고 가축으로 기르게 되었다고 한다.
나는 처음부터 미 대륙에 말이 있었다고 알았는데……

이 가슴 아픈 사연을 들은 대장은 연신 혀를 차며 TV 화면에 나오는 당시의 학살 장면을 한 장 한 장 카메라에 담는다. 과거에 벌어진 일이라 이제 와서 어쩔 수 없지만 가슴이 아프긴 우리도 마찬가지다.

한 번 보면 잊을 수 없는
공룡주립공원

"용권아, 은광아. 조금 있으면 아주 신기한 지형이 나타날 거다. 이런 평원에서 어떻게 이런 지형이 생겼을까 무지 놀라게 될걸."

이제 우리는 공룡주립공원(Dinosaur Provincial Park)으로 가기 위해 다시 대평원을 달리고 있는 중이다. 용권이와 은광이는 내 말에 잔뜩 기대했는지 초롱초롱 눈망울을 빛낸다. 하지만 과연 어떤 지형이 나타날지는 감히 상상도 못하는 눈치다.

노란 들판이 한없이 이어지다가 어느 순간 뭔가 허전한 느낌이 들기 시작한다. 느낌만 그런 것이 아니라 실제 지형도 아래로 푹 꺼지면서 움푹 파인 곳이 나타난다. 인간이 살 수 없는 황무지, 배드랜드(Bad lands)에 가까워지고 있는 것이다.

배드랜드는 오랜 세월에 걸친 빙하와 폭우의 침식작용으로 형성된 황무지다. 이름이 주는 느낌만큼 거칠고 황폐하다. 울퉁불퉁한 지면과 위협적으로 솟은 바위덩어리들이 으스스한 느낌마저 준다. 어디선가 귀신이 튀어나올 것만 같은, 공포영화의 배경으로 딱 좋은 곳이다.

레드디어(Red Deer) 강이 가까워올수록 대원들도 숨을 멈추고 탄성을 지른다. 아, 이런 놀라운 지형이 있다니! 정말로 한 번 보면 절대로 잊을 수 없는 지형이다.

공룡주립공원은 레드디어 강이 굽이쳐 흐르는 계곡 안에 자리 잡고 있다. 벌써 해가 저물려고 한다. 주차장에 차를 대자마자 용권이와 은광이가 재빠르게 카메라를 챙겨들고 뛰어나간다. 대장까지 허둥거리는 모습이었다.

"걱정하지 마십시오. 오늘은 이렇게 멀리서 보지만 내일은 저곳을 직접 걷게 될 겁니다. 말로만 듣던 공룡 뼈를 직접 만질 수 있을 겁니다."

날이 저물어가니 빨리 밥을 해먹자는 내 말에 세 사람은 그제야 셔터 누르기를 멈추었다. 은광이는 오늘 저녁 메뉴가 제육

공룡주립공원. 매일 술을 마시다 술을 마시지 않고 책 읽는 분위기로 바꿨더니……

볶음이라고 친절하게 알려주었다. 지글지글 제육볶음이 익어
가고 김치, 밑반찬과 함께 막 첫 숟가락을 뜨려는 순간이었다.

"형님, 저 소리가 무슨 소리죠?"

용권이가 엉뚱한 질문을 한다. 귀를 기울여보니 뭔가 커다란
짐승이 우는 소리가 들린다.

"저거, 저거, 공룡 울음소리 아니에요?"

"뭐? 공룡?"

"잘 들어보세요. 이제까지 한 번도 들어본 적이 없는 큰 짐승
의 울음소리잖아요. 공룡 울음소리가 맞나 봐요."

딴은 그런 것 같기도 한데, 멸종된 공룡이 어디 있다고 공룡
울음소리가 들린단 말인가? 하긴 우리가 있는 곳이 공룡주립
공원이니 공룡이 한두 마리 있긴 있는 건가? 혹시 관광객들을
위해 공원 측에서 공룡 울음소리를 테이프로 틀어주고 있는 것
은 아닐까?

설마 하면서도 궁금증을 참지 못해 식사를 마친 후 허 대장과
함께 울음소리의 근원지를 찾아나섰다. 그런데 레드디어 강 건
너편에서 또다시 공룡의 울음소리가 들려오는 것이 아닌가. 분
명 녹음된 테이프의 소리는 아니었다.

소리가 들려온 곳을 찾던 우리 눈에 검은색 소들이 들어왔
다. 초원에서 한가롭게 풀을 뜯던 이 녀석들이 고개를 젖히더
니 갑자기 공룡소리를 내면서 우는 것이 아닌가! 그럼 그 소리
가 소 울음소리였단 말인가? 그리고 보니 우리가 공룡 울음소
리를 언제 들어봤다고 소 울음소리를 공룡 울음소리라 하는가?
이건 스티븐 스필버그에게 반드시 따지고 넘어가야 할 일이다.

새벽 1시 30분. 한국에서 이호준, 정유진 신혼부부가
신혼여행을 잘 다녀왔다고 전화했다.
시간 계산 좀 잘해라!

사슴 가족이
깨워주는 아침

야영이 좋은 이유 중 하나는 굳이 일어나려고 애쓰지 않아도 태양이 직접 우리를 아침잠에서 깨워준다는 것이다. 침낭에서 얼굴만 내민 채 꼬물꼬물 몸을 뒤척이다 보면 어느새 텐트 속으로 태양이라도 들어온 것처럼 텐트 안이 환해진다. 맑은 아침 공기가 나무냄새, 풀냄새, 호수에서 풍기는 비릿한 물냄새까지 뒤섞여 코로 스며든다. 기지개를 켜보면 안다. 그 좋다는 이중 삼중 스프링 침대보다 흙 위에서 자고 일어난 몸이 훨씬 개운하다는 걸.

이른 아침 야영장으로 찾아온 사슴 가족. 한동안 풀을 뜯으며 간간이 카메라 앞에서 포즈도 취해주다가 총총히 숲 속으로 사라졌다.

식사 준비 때문에 늘 제일 먼저 자리에서 일어나는 은광이가 뭔가를 발견했는지 들뜬 얼굴로, 그러나 나지막한 목소리로 우리를 불렀다.

"다들 일어나 보세요. 사슴이 왔어요."

우리 모두 까치집 머리를 하고 밖으로 나가보았다. 정말로 사슴이었다. 그러고 보니 우리가 잠을 잔 강의 이름이 레드디어가 아니던가. 레드디어는 북미 사슴인 엘크를 칭하는 말로 아주 오래전 원주민들이 살던 시절부터 '엘크 강'으로 불렸다고 한다. 이 지역에 엘크가 얼마나 많았으면 이름마저 레드디어 강이고 레드디어 시일까.

우리를 찾아온 사슴은 엘크는 아닌 듯했다. 한 마리가 아니라 한 가족이었다. 종종 야영장으로 마실을 내려오는 모양인지 사람들이 카메라를 들이대며 쫓아다녀도 놀라지도 않는다. 한가롭게 풀을 뜯다가 텐트로 다가와 이것저것 냄새도 맡아본다. 아마 먹을 것을 찾는 눈치다. 생각 같아서는 고깃덩어리 하나 던져주고 싶지만 그래서는 안 된다. 캐나다에서는 야생동물에게 먹이를 주면 벌금을 크게 물리기 때문이다. 먹이를 주는 게 무슨 잘못이냐고 생각하겠지만, 야생동물이 사람이 주는 먹이에 맛을 들이면 야생성을 잃어버리게 된다. 이들이 자꾸만 민가로 내려와 차에 치어 죽는 등 사고가 많이 일어나자 정부가 이런 조치를 취하고 있는 것이다.

야생성을 잃어버린 동물은 인간에게 위협이 될 수도 있기 때문에 철저히 관리한다. 예를 들어, 로키 지역에는 산속에서 먹이를 찾던 곰이 마을로 내려와 쓰레기통을 뒤지는 일이 다반사다. 주민이 신고하면 공원 당국에서 즉시 출동하여 마취 총으로 곰을 붙잡는다. 그들은 곰의 귓전에 스프레이로 표시하여 다시 산속으로 옮겨놓는다. 일종의 계급장인 셈이다. 그런데 이 계급장이 세 개 이상 그어지면 더 이상의 용서는 없다. 야생성을 잃어버린 곰이라고 판단되면 가차 없이 총으로 사살해버린다. 곰을 위해서도 사람을 위해서도 그 편이 낫다고 생각하는 것이다.

사슴 가족이 어슬렁거리는 사이에도 은광이는 분주하게 아침 준비를 한다. 오늘은 이동이 많은 하루가 될 것이라 점심 저녁은 모두 매식이다. 그래서 한결 마음이 가벼운지 콧노래까지 흥얼거리며 요리 삼매경에 빠져 있다. 대장과 용권이와 나는 얼른 세면실로 가서 고양이 세수를 하고 왔다. 벌써 따끈한 북엇국이 준비되어 모락모락 김이 나는 흰 쌀밥과 함께 테이블 위에 놓여 있다. 기분 최고다. 오늘 하루도 잘 풀릴 것 같다.

아침식사를 마친 후 은광이가 잠시 할 일이 있다며 사라지더니 약 10분 후에 파르라니 깎은 머리로 다시 나타났다.

"아니, 이 녀석은 혼자서 머리를 깎네."

캐나다인의 재치를 엿볼 수 있는 쓰레기통. Push를 Bush로.

우연히 화장실에 갔다가 대장이 은광이가 머리 깎는 모습을 목격한 모양이었다. 저 닭 볏 모양의 헤어스타일은 캐나다에서 보드 선수로 활약하던 시절 미용실에 가기가 뭣해서 혼자 깎다가 저절로 만들어진 것이란다. 지금은 보드 선수 김은광의 헤어스타일로 정평이 자자하다 보니 기르고 싶어도 기르지 못한다. 워낙 짧은 머리인 탓에 면도하듯이 자주 깎아줘야 한단다. 대장은 아침부터 재밌는 구경을 했다며 은광이 뒤통수를 보고는 자꾸 웃는다.

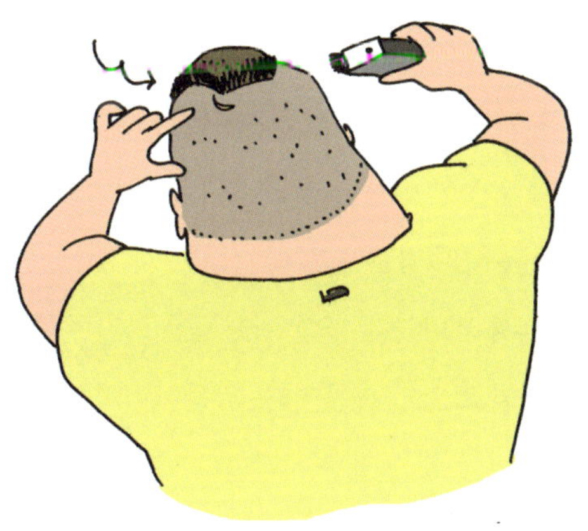

은광이는 머리를 자기 손으로 깎는다. 뒤를 어떻게 볼까? 흉터가 만져지는 곳부터 깎는다고 한다.

세렝게티보다 넓은 평원에
널브러진 공룡 뼈

드디어 공룡주립공원 깊숙이 탐험을 시작할 때다. 용권이는 왜 9시 반까지 기다려야 하냐고 투덜거리며 서 있다. 공룡주립공원을 제대로 돌아보려면 공원 측 가이드의 안내를 받아야 하는데 가이드의 출근시간이 9시 반이기 때문이다. 하지만 그 가이드가 금발의 여자라는 것을 알게 되더니 얼굴에 짜증은 어디로 가고 희색이 가득해진다.

모자를 눌러쓰고 나타난 가이드는 도나 마틴(Donna Martin)이라는 얌전하게 생긴 여성이었다. 공원에서 일한 지 얼마 되지 않았다는 그녀는 우리의 방문에 약간 긴장한 것 같았다. 그도 그럴 것이 한국에서 캐나다에 대한 여행서를 쓰기 위해 방문한 공식 단체라고 알고 있기 때문이다. 말문이 막히면 보겠다며 자료를 잔뜩 손에 들고 설명을 시작한다. 그녀의 설명을 들으며 우리는 그녀의 나이가 몹시 궁금해졌다. 우리의 추정치와 얼마나 비슷한지를 확인해보고 싶었기 때문이다. 그런데 어쩐다? 이곳도 우리나라처럼 여자 나이를 노골적으로 물어보면 실례라던데……

공룡주립공원

ⓘ www.albertaparks.ca/dinosaur.aspx
☎ 403-378-4344 (투어 예약)
🕐 매일 08:30~19:00 (성수기, 5월 중순~8월 말) / 여름철 성수기를 제외한 기간은 단축 운영된다.
휴무 : 10월 초순~5월 중순의 토 · 일요일

도나는 우리 일행을 위해 특별히 지프차를 준비했다. 사실 공룡주립공원은 여름철에만 한시적으로 버스투어를 하고 가을부터는 운행을 하지 않는다. 한국에서 온 특별한 손님들을 위해 공원 측이 배려해준 것이다. 게다가 버스투어로도 갈 수 없는 깊숙한 곳까지 안내할 것이라니 기분이 들뜬다. 다들 카메라를 잡은 손에 힘이 잔뜩 들어간다.

"지금부터는 제가 가는 길로만 바짝 따라오세요. 딴 데로 새면 절대로 안 됩니다."

지프에서 내리자 도나가 주의부터 주었다. 유네스코가 지정한 세계유산이니 함부로 손을 타선 곤란하기 때문일 것이다. 또 사진을 찍는다고 정신을 팔다보면 자칫 길을 잃어 빠져나오기 힘들 수도 있다. 하지만 무엇보다도 중요한 이유가 있었다.

"이곳에는 방울뱀이 많습니다. 자칫하면 뱀에 물릴 수도 있어요."

그 한마디에 우리는 긴장한 채 가이드에게 바짝 달라붙었다.

드디어 일반인들의 출입을 통제한다는 공룡주립공원의 깊은 구역으로 들어섰다. 빙하에 이어 물과 바람에 파인 황무지의 기괴한 모습이 펼쳐졌다. 어떻게 달 표면처럼 울퉁불퉁한 모습으로 변하게 되었을까? 마치 수백 년을 살아 가죽이 말라비틀어진 노파의 모습을 보는 듯했다. 그런데 그런 기괴함만 있는 것이 아니라 묘한 매력도 있었다. 문명의 손이 닿지 않은 날것 그대로의 거친 느낌 때문일 것이다.

사람이라곤 한 명도 없는 오솔길을 따라 1km 정도 들어갔을까.

"야, 이거 봐라. 공룡 뼈다!"

허 대장이 무언가를 줍더니 소리쳤다.

"나뭇가지인 줄 알았는데 자세히 보니 뼈다, 뼈. 말로만 듣던 공룡 뼈를 내가 직접 만지다니, 신기하다."

감격에 겨워하는 대장 뒤로 은광이가 또 다른 뼈를 내민다.

"여기도 있어요. 그것보다 몇 배 더 커요!"

대장이 주운 뼈가 납작한 조각 수준이었다면 은광이가 내민 것은 닭다리 뼈만 했다. 그제야 우리는 걸음을 멈추고 주위를 둘러보았다. 우리 주위에 온통 공룡 뼈가 널려 있었다는 걸 깨달았다.

"세상에, 웬 공룡 뼈가 이렇게 많냐!"

우리 모두 놀라지 않을 수 없었다. 우리나라는 공룡 발자국과 공룡 알만 가지고 '공룡엑스포'를 연다고 하는데 캐나다는 공룡 뼈에 파묻혀 있다. 양은 물론 질에서도 엄청난 차이가 아

아프리카 세렝게티 평원보다 몇 배 넓은 평원 곳곳에 공룡 뼈 잔해가 널려 있다.

닐 수 없다.

어떻게 이렇게 많은 공룡 뼈가 있느냐는 질문에 도나 씨가 친절하게 대답해주었다. 아마도 선사시대 어느 때에 근처에서 엄청난 홍수가 있었던 것 같다고. 그래서 공룡들이 떼로 떠내려와 바로 이 배드랜드 지역에서 사망한 모양이라는 것이다. 7,500만 년 전에 살았던 총 35종의 화석이 이곳에서 발견되었다. 모두 근처 드럼헬러(Drumheller)의 로열 티렐(Royal Tyrell) 박물관에 보관되어 있다고 한다.

발에 차이는 것이 공룡 뼈인지라 한 개 가져가도 되느냐고 도나에게 물었더니 예상대로 "노"였다. 그래, 눈에다, 가슴에다, 카메라에다 열심히 담아놓자.

더 깊숙이 한참을 들어가니 저쪽에 검은 천을 씌워둔 곳이 보였다. 도나가 "여러분들은 참 운이 좋아요." 하더니 순식간에 검은 천을 벗겼다.

"와아!!!"

로열 티렐 박물관

🌐 www.tyrrellmuseum.com
📞 403-823-7707
🕐 매일 09:00~21:00 (5월 중순~8월 말) / 화~일요일 10:00~17:00 (9월 초~5월 중순)
휴무 : 9월~5월 중순의 월요일

지금껏 공룡이 있었다고는 배웠지만 실감이 나지 않았다.
그러나 이곳에서는 '과연 공룡이 있었겠다.'는 확신이 생겼다.

뼈가 다 맞춰진 공룡 한 마리가 거의 온전한 모습을 하고 누워 있었다. 갑자기 벌떡 일어나서는 냅다 뛰쳐나갈 것처럼 실감나는 모습이었다.

"이 공룡은 곧 로열 티렐 박물관으로 가게 될 거예요."

그러니까 아직 일반인은 물론 박물관 사람들조차 보지 못한 것을 우리에게 처음으로 공개해준 것이다. 도나 만세!

약 10m 높이의 조그만 봉우리 위로 올라가 을씨년스런 황무지를 한 바퀴 돌아보고 도나와 함께 기념사진도 찍었다. 이 기회를 놓칠 우리가 아니지 않은가.

"이런 질문이 실례인 줄은 압니다만, 혹시 몇 년생이세요? 결혼은 하셨나요?"

우리 짐작이 틀려도 엄청 틀렸다. 서양인들 중 얼굴은 젊어 보여도 꽤 나이든 경우가 있다더니 바로 도나가 그런 경우다. 물론 결혼해서 장성한 아이들이 둘이나 있고 나이는 자그마치 나와 동갑이란다. 물론 내 나이를 여기서 밝힐 수는 없다.

"아, 그러면 닭띠시네요. 그러면 저하고 띠동갑이에요. 반갑습니다."

새로운 인연을 만드는 데 강한 면모를 보이는 은광이. 뒤에서 도나에게 열심히 12간지와 열두 띠 동물에 대해 설명한다. 귀를 기울이다 보니 어느 순간 우리 앞에 공룡이 모두 사라져버렸다.

공룡주립공원 전시관 안에 공룡모형이 전시되어 있다. 현재 실물은 근처 드림헬러의 로열 티렐 박물관으로 보내지고 이곳에는 모형만 있다.

바닥에 밟히는 것이 공룡 뼈다. 공룡 발바닥 화석 하나 출토되고 공룡 알 하나 발견된 것 갖고 공룡엑스포를 여는 나라에서 온 우리들로서는 입이 떡 벌어지는 일이다.

유령마을에 있는 유일한 인가
라스트 챈스 살롱

캘거리(Calgary)로 가기 전에 꼭 들러보고 싶은 곳이 있었다. 대장에게 잠시 들렀다 가자고 하니 기다렸다는 듯 묻는다.

"맥주도 한잔 할 수 있는 곳이냐?"

"여부가 있겠습니까!"

나는 신나게 차를 몰았다. 지금 가려고 하는 곳이 바로 술집이니 제대로 맞힌 셈이다. 그냥 술집이 아니라 역사기 무려 93년이나 된 오래된 술집이다. 지금이라도 카우보이가 옆구리에 총을 차고 문을 발로 뻥 차며 들어와 차가운 맥주를 내놓으라고 호통칠 것만 같은, 서부개척시대의 낭만을 그대로 간직한 살아 있는 박물관이다.

그곳은 웨인(Wayne)이라는 아주 작은 마을에 있는 '라스트 챈스 살롱(Last Chance Salon)'이란 이름의 선술집이다.

입구에 들어서자 허 대장이 흥분한 듯 말했다. "남기야, 내가 원하던 곳이 바로 이런 곳이야!" 한국에서도 유난히 낡고 허름한 분위기의 선술집을 좋아하던 분이 아닌가. 벽면 가득 붙어 있는 빛바랜 사진들과 고장난 옛 물건들을 둘러보며 대장은

흉가로 가득한 유령마을에서 유일하게 사람이 살고 있는 건물인 라스트 챈스 살롱이 있는 로즈디어 호텔. 술집으로 들어가기 전 이곳의 깊은 역사에 대해 우리 나름대로 경의를 표했다.

즐거워했다.

연륜이 허 대장 정도 되면 척 보는 순간 이곳에 많은 사연이 있다는 것을 알 수 있다. 사실 웨인 마을을 일컬어 '유령마을'이라고 부른다고 전해주자 다들 그 내막을 알고 싶어했다.

왜 유령마을인가. 실제로 이 마을을 채우고 있는 것이라고는 유령이 사는 텅 빈 집들과 여기저기 흩어져 있는 탄광의 흔적뿐이기 때문이다.

한때 이곳에도 사람이 많았다. 탄광이 개발되면서 인구가 유입되어 1932년에는 무려 1만여 명에 이르렀다고 한다. 하지만 그때를 정점으로 탄광산업은 쇠퇴하여 하나씩 문을 닫기 시작했다. 1952년 마지막 탄광이 폐쇄되었을 때 남은 인원은 250여

명에 불과했다. 이들은 언젠가는 탄광이 다시 문을 열 것이라 굳게 믿고 기다렸지만 좋은 날은 다시 돌아오지 않았다. 그로부터 10년 후에는 인구가 90여 명으로 줄었고, 지금은 불과 32명만 남았다.

한때는 학교와 병원과 교회에 극장까지 있었던 어엿한 마을이었지만, 지금은 거리는 알아보기 힘들고 언덕마다 다 쓰러져가는 흉가만 있다. 유일하게 남아 있는 건물이 바로 라스트 챈스 살롱이 있는 로즈디어(Rosedeer) 호텔이다. 무슨 일인지 이 집의 주인은 부친의 호텔사업을 이어받아 이 유령마을을 지키고 있는 것이다.

다행히 공룡주립공원과 배드랜드를 거쳐가는 관광객들이 이곳을 곧잘 찾는 모양이다. 우리뿐만 아니라 소문을 듣고 찾아온 관광객들이 두세 팀 더 있었다.

이곳의 필수코스라는 생맥주 한 잔에 딜갈 안주를 시켰다. 특이하게도 피클 병에다 맥주를 따라준다. 피클 병이 풍기는 투박함 때문인지, 아니면 선술집의 분위기 탓인지 생맥주의 맛이 제법이다. 안주는 달걀 피클과 소시지 피클이다. 새콤한 맛이 생소하긴 했지만 그리 싫지 않은 맛이었다. 주인이 우리 옆으로 다가와 이 선술집의 역사와 특이한 점들을 설명한다. 우리가 맥주를 많이 팔아줄 것처럼 보였던 모양이다. 우린 다시 운전을 하고 먼 길을 가야 하는데…….

주인이 이 선술집에서 꼭 보아야 할 물건이라고 몇 가지를 소개했다. 하나는 밴드 박스(Band Box)라고 하는 것으로 이것은 1940년대 초 미국의 뷔리저(Wurlizer)란 회사가 만들었는데 작은

피클을 담았던 병에 맥주를 담아준다.

무대 위에 7명으로 구성된 인형 악단이 음악을 연주하면서 움직이도록 설계된 것이다. 캐나다에서 오직 두 개가 팔렸는데, 하나는 불에 타버리고 이제는 이것 하나만 남았다고 한다. 직접 연주를 들을 수 없는 것이 좀 아쉬웠다.

다른 하나는 마치 쥐덫같이 생긴 물건으로 당시에 음주 운전을 체크하던 도구라고 한다. 손가락이 덫에 걸리면 만취 상태이니 운전을 하지 말라는 의미라나? 하지만 내가 시험 삼아 손가락을 댔다가 잽싸게 뺐지만 덫이 얼마나 빠른지 번번이 손가락이 걸리고 말았다. 그럼 맥주 한 잔도 아니고 겨우 한 모금 마신 내가 음주운전에 해당한다는 말인가? 말도 안돼!

이런 폐광촌에 있는 선술집 하나가 관광객을 불러오고 아울러 마을의 역사를 들려준다. 또 그 역사를 소중히 여기며 꾸준히 찾아주는 캐나다인들이 있다. 강원도 폐광촌에 화려한 카지노를 지어 옛 역사를 덮어버리는 우리와는 사뭇 대조적이다. 왜 우리에게는 기념할 만한 누추한 선술집 하나 제대로 없는 것일까?

1940년대에 미국에서 만들어졌다는 밴드 박스(위)와 라스트 챈스 살롱의 음주측정기(왼쪽)

배드랜드 최고의 걸작품
후두스

드럼헬러의 중심지를 통과하다 보니 문득 여기까지 왔는데 후두스(Hoodoos)를 안 보고 그냥 지나칠 수는 없겠다는 생각이 들었다.

"후두스, 그게 뭐지?"

아침부터 공룡주립공원에서 너무 많이 걸어서일까? 대원들이 귀찮은 듯 몸을 사린다. 배드랜드라면 이미 공룡수립공원에서 질리도록 보았는데 또 볼 필요가 있냐는 것이다.

"그래도 후두스는 후두스랍니다. 한번 가보시죠."

나는 후회하지 않을 거라며 일행을 설득했다.

후두스는 아프리카 말로 '신기하다'는 뜻이다. 지리학에서는 뾰족뾰족하게 솟은 흙기둥을 가리켜 후두스라고 한다. 가장 대표적인 것이 미국 유타 주의 브라이스캐니언(Bryce Canyon)이다. 녹은 눈이 물이 되어 땅으로 스며들고, 그것이 다시 얼어서 서리가 되는 과정이 매년 200번 넘게 계속되면서 조금씩 깎이고 깎인 흙이 거대한 흙기둥으로 자라는 것이다.

배드랜드의 후두스는 브라이스캐니언의 후두스와는 모양이

배드랜드에는 수천년에 걸쳐 바람과 물에 침식되면서 울퉁불퉁한 협곡과 버섯 모양의 후두스가 남게 되었다. 지금도 바람과 비에 의한 침식이 계속되고 있다.

매우 다르다. 아마도 이 지역의 흙이 점성이 높아서일 것이다. 그래서인지 둥글게 다듬어진 흙기둥이 위로 동그랗게 우산을 만들었다. 여기서 배드랜드만의 독특한 버섯 모양의 후두스가 탄생했다.

　배드랜드 최고의 걸작품이라고 소개하는데도 대원들의 표정은 심드렁하기만 하다. 공룡주립공원에서 이미 너무 많은 것을 보았기 때문일까? 후두스를 구경하고 그 위에 있는 능선에 올라 배드랜드를 둘러보자고 했더니 은광이가 화장실이 급하다며 살짝 빠져버린다. 대장과 용권이는 잠시 망설이다가 하는 수 없다는 표정으로 나를 따라나섰다. 그러더니 곧바로 "뭐 볼게 있다고 여기까지 오게 했냐."며 볼멘소리다. 아니, 이게 무슨 소리야? 이 앞에 펼쳐진 나쁜 땅이 다 볼거리인데. 좋은 것을 너무 많이 보면 좋은 줄 모르는 모양이다. 에잇, 그냥 어서 캘거리로 가자.

보고 또 봐도 신기하기만 한 배드랜드

영화 〈브로크백 마운틴〉의 배경,
카우보이 술집

해가 뉘엿뉘엿 저물어갈 무렵 드디어 캘거리에 도착했다. 집단 가출 이후 처음으로 호텔에 여장을 풀었다. 트윈 베드룸 하나에 싱글 침대가 3개 있는 방 하나를 더 빌렸다. 물론 트윈 베드룸은 대장의 차지다.

서열에 따라 차례로 뜨거운 물에 샤워를 했다. 며칠 사이에 바람과 햇볕에 그을었는지 땟국물이 한창 빠져나가는 기분이다.

다들 말끔해진 얼굴로 길을 나섰다. 오늘 저녁은 랜치맨스(Ranchman's)라는 시끌벅적한 카우보이 술집에서 해결하기로 했다. 사실 캘거리에 오면 이곳에 꼭 한번 와보고 싶었다. 이곳이 영화 〈브로크백 마운틴〉의 촬영지라는 점도 끌렸지만 오랜만에 선술집에서 배부르게 먹고 마시고 춤도 추고 당구도 즐기고 싶었기 때문이다. 랜치맨스에는 저녁식사에 맥주, 그리고 당구대에 댄스홀까지 있으니 이 모든 소망이 다 해결된다.

술집에 들어오니 담배연기가 자욱하다. 늘씬한 몸매의 웨이트리스들이 검정색 옷에 카우보이 모자를 쓰고 분주히 오간다. 그들은 스스로를 카우걸이라 부른다. 천장에 걸려 있는 로데오

캘거리 관광 안내소
www.visitcalgary.com
403-750-2362
101-9th Ave. S.W. at Calgary Tower
매일 09:00~19:00 (여름철 성수기) /
매일 09:00~17:00 (여름철 토·일요일, 겨울철)
휴무 : 연중 무휴, 캘거리 타워 안에 있다.

챔피언들의 말안장, 컨트리 음악에 맞추어 흥겹게 춤을 추는 사람들, 당구대를 둘러싸고 아무 곳에서나 키스를 해대는 청춘 남녀들. 정말 여행하는 기분이 들지 않는가. 카우보이 영화에서 많이 보았던 바로 그 장면이다.

"은광아, 우리가 앉은 자리 정도가 〈브로크백 마운틴〉에서 주인공이 부인을 처음 만났던 그 자리 같지 않냐?"

"예, 그런 것 같은데요."

허 대장의 물음에 은광이가 자신 있게 대답한다. 그러고 보
니 〈브로크백 마운틴〉이라는 영화를 바쁜 허 대장이 챙겨보았
던 모양이다. 어땠냐고 물으니 의외로 재미있게 잘 보았다고 대
답한다. 이 영화가 처음 개봉했을 때 산꾼들 사이에서는 모처럼
볼 만한 산악영화가 나온 줄 알고 부리나케 영화관으로 뛰어갔
다가 뜻밖에 동성애 영화를 보고는 뜨악해하며 나온 사람이 한
둘이 아니다. 하지만 영화 속의 아름다운 경치는 두고두고 기억
에 남는다. 원작의 배경은 미국 와이오밍(Wyoming)이지만 실제
촬영은 주로 캐나다 앨버타에서 이루어졌다.

왜 캘거리에 이런 카우보이 술집이 있는지 궁금할 것이다. 사
실 캘거리는 스탬피드(Stampede)라는 축제로, 그중에서도 카우
보이들의 잔치인 로데오 경기로 무척 유명하다. 매년 7월 둘째

주 열흘에 걸쳐 계속되는 축제에 관람객 200만 명이 몰려오는 등 아웃도어 축제로서는 세계 최대 규모다.

우리는 카우보이 스테이크에 맥주 한 잔씩을 걸치며 그동안의 피로를 풀었다. 과감히 춤도 춰보겠다고 했지만 댄스홀로 나갈 배짱은 어느 누구에게도 없었다.

내일은 드디어 로키에 입성하는 날이다. 또한 2진과 합류하는 날이기도 하다. 4명이 더 도착하니 도합 8명의 대식구가 된다. 내일부터는 한 끼에 8인분을 요리해야 할 생각을 하니 은광이 어깨가 더 무거워 보인다. 대장이 힘을 비축하기 위해 일찍 가서 잠자리에 들자고 한다. 모두 자리에서 일어나 어슬렁어슬렁 숙소로 돌아왔다. 내일 아침에는 은광이의 장보기라도 도와주어야겠다.

늦은 밤에 허패 2진이 출발했다는 연락이 왔다.
내일 오후부터는 식구가 8명으로 늘어난다. 연일 강행군!
이젠 맥주도 싫다. 그동안 야영을 하다 6일만에 호텔의 침대
에서 잠을 잔다. TV도 있다. 욕실도 있다.

버펄로 점프

버펄로 점프는 워터턴에서 캘거리 쪽으로 올라가는 길에 있는 포트 매클라우드(Fort Macleod)라는 도시 근교에 있다. 내려다보면 겨우 이런 절벽에서 떨어져서 그 덩치 큰 버펄로들이 죽을 수 있나 싶을 정도로 하잘것없어 보이지만 설명을 들으면 이해가 간다. 즉 늑대로 위장한 원주민들이 시속 50km의 속도로 버펄로를 순식간에 절벽으로 몰아댄다는 것이다. 그 속도에다 떨어지는 충격, 그리고 그 위로 계속 떨어지는 버펄로의 무게가 가중되어 불과 2~3분이면 수십 마리가 충돌사하거나 압사한다고 한다. 절벽이 있는 줄도 모르고 열심히 뛰어가다가 허공에 붕 뜰 때 버펄로의 기분은 과연 어땠을까? 북미 인디언들은 무려 6,000년 동안 대평원 지역에서 버펄로를 사냥하며 살았다. 이곳은 그중 가장 규모가 큰 곳으로 1981년 유네스코 세계문화유산으로 지정되었다.

대평원에 가면 로키 마운틴 오이스터를

대평원 지역에 가면 다른 지역에서는 맛볼 수 없는 아주 터프한 음식이 있다. 로키 마운틴 오이스터(Rocky Mountain Oyster)라고 하는데 다른 말로 프레리 오이스터(Prairie Oyster)라고도 부른다. 이것은 대평원 목장지대에서 송아지를 거세하면서 나오는 불알요리다. 껍

질을 벗겨내고 밀가루와 후추, 소금을 묻혀서 기름에 바짝 튀겨낸다. 미국 서부 지역과 캐나다 대평원에서만 맛볼 수 있는 색다른 음식이다. 단, 비위가 좋아야 한다. 하지만 술집에서 프레리 오이스터를 시키면 낭패를 볼 수도 있다. 날달걀을 이용해 만드는 숙취 해소용 칵테일이 나오거나 아니면 동명의 캐나다 록밴드의 노래가 나올 수도 있기 때문이다.

캐나다의 끔찍한 야생동물 사랑

1. 2010년 열리는 밴쿠버 동계올림픽을 위해 밴쿠버와 휘슬러를 연결하는 99번 하이웨이를 확장공사했다. 그런데 2009년 여름 공사 구간 가까이에 흰머리독수리가 알을 품고 있다는 제보가 들어왔다. 그러자 도로 당국은 공사를 완전히 중단했다. 캐나다 야생동물보호법에 의하면 독수리의 부화기간인 2~8월 중에는 둥지로부터 반경 1km 안에는 어떤 공사도 금하고 있기 때문이다.

2. 뉴펀들랜드 주에 거주하던 한 청년이 도끼로 사슴을 끔찍하게 죽인 죄로 법원에서 엄청난 형을 선고받았다. 사슴 한 마리를 죽인 대가로 그가 받은 형량은 징역 2개월에 보호관찰 102년, 그리고 향후 5년간의 사냥 금지였다. 사실상 평생 법의 감시 아래 살게 된 셈이다.

3. 뉴펀들랜드 주의 물범 사냥이 아직도 논란 중에 있다. 일단 정부는 토박이 어부들에게 물범 사냥을 허용했다. 추위가 전부인 척박한 땅에서 삶을 이어가는 이들에게 물범 사냥은 전통적으로 가장 중요한 생계수단이기 때문이다. 하지만 동물보호단체에서 이들의 물범 사냥 장면을 카메라에 담아 보도하면서 전 세계적으로 비난 여론이 들끓고 있다. 칼날이 달린 꼬챙이로 물범이 죽을 때까지 내리치는 장면은 눈뜨고 볼 수 없을 만큼 잔인하다. 전통적인 삶의 방식으로 인정해야 할지, 또 하나의 동물학대로 규정해야 할지, 캐나다 정부는 고민이 많다.

ROCKY MOUN
Course·4

로키를 몸으로 느끼다

캘거리~밴프~루이스 호수 (5박 6일)

비 내리는 캐나다 로키의 진수 밴프 · 눈 내리는 설퍼 산의 유황온천 · 빅토리아 산 가는 길에 차가 주저않다 · 한국말이 유창한 캐나다인 웨이터 · 세계 10대 절경 루이스 호수와 여섯 빙하의 평원 · 자전거 하이킹의 진정한 묘미를 맛보는 보 밸리 파크 웨이 · 플라이 낚시의 매력을 만끽할 수 있는 베이커 크릭 · 다정한 산행길 모레인 호수와 센티널 패스 · 2,611m 오르며 고소증세? · 비취색 모레인 호수에서 카누 타기

NS
BIA MOUNTAINS
Lake Louise
Banff
Calgary

비 내리는 캐나다
로키의 진수 밴프

아침부터 추적추적 비가 내린다. 로키의 중심에 들어오니 기온
마저 뚝 떨어졌다. 이러다가 눈 내리는 거 아니야? 누군가가 걱
정스러운 소리를 한다. 2진에게 전화로 캐나다 가을이 생각보
다 무척 따뜻하니 옷 걱정은 하지 말라고 말해두었는데 실수한
것 같다. 밴프(Banff)는 그렇다고 쳐도 재스퍼(Jasper)까지 올라가
면 눈이 내릴지도 모른다. 그러면 내복이 필요할 텐데……. 여
성 동지들의 준비성이 꼼꼼하기만을 바랄 뿐이다.

밴프는 재스퍼와 더불어 캐나다 로키의 핵심이다. 로키는 크

공룡주립공원에서부터 우리 차를 타고 온 가출 파리.
차 밖으로 나가서 얼어죽든지 차 안에서 굶어죽든
지 둘 중 하나인데 너 어떡하냐. 낮이 익어서 죽일
수도 없고……

운전하던 이남기가 손바닥으로 내 친구 파리를 쳤다.
저쪽 구석으로 떨어졌는데 세게 맞아서 죽었을 수도
있다. 나쁜놈……

게 밴프, 재스퍼, 요호(Yoho), 쿠트니(Kootenay) 등 네 개의 국립 공원으로 이루어져 있다. 우리나라에서 로키 여행을 하는 사람들은 대부분 먼저 비행기로 캘거리로 간 후 밴프, 요호, 재스퍼의 순으로 여행을 한다.

우리 대원 중 2진은 캘거리로 와서 전형적인 로키 관광 순서에 따라 여행을 하는 것이고, 1진은 밴쿠버에서 시작하여 국경 부근을 탐험하고 워터턴, 밴프, 요호, 재스퍼 순으로 여행을 하는 것이다. 적당히 전형적이고, 적당히 창의적인 코스라고 말하고 싶다.

캘거리 공항으로 2진을 마중 나가기 위해 은광이는 그곳에 남고 대장과 용권이와 나만 먼저 밴프로 들어왔다. 눈앞에 밴프의 명물인 케스케이드(Cascade) 산이 보였다. 보려고 해서 보는 것이 아니라 그냥 앞을 바라보면 손에 잡힐 듯 보이는 것이 케스케이드 산이다. 뿌연 빗줄기에 가려 흐릿하긴 해도 산 중턱에 하얀 눈이 쌓여 있는 것이 보였다. 예싱은 했지만 막상 눈을 보니 걱정이 앞선다. 방한 준비도 안 된 상태에서 눈 쌓인 산을 오를 수 있을까? 더구나 눈이 내렸다는 것은 날씨가 무척 쌀쌀해졌다는 이야기이고, 그러면 추위 속에서 야영을 해야 한다는 말인데……. 이런 속내를 아는지 모르는지 일행들은 9월에 웬 눈이냐며 신기해한다.

밴프에서 자전거를 빌려 보 밸리 파크웨이(Bow Valley Parkway)로 나가려 했던 계획을 비 때문에 취소했다. 빗속에 자전거를 타기에는 너무 날씨가 추웠기 때문이다. 일찌감치 캠핑장에 들어가 텐트를 치고 불이나 지펴놓자는 대장 지시에 투잭(Two Jack) 호수 옆에 있는 캠핑장에 자리를 잡았다.

캐나다 로키 관광의 중심지인 밴프의 시내 풍경. 상주인구는 불과 7,500명이지만 연간 400만 명이 찾아오는 관광 도시이다. 도착한 첫날 공교롭게도 비가 추적추적 내렸다.

텐트 안에서 밤새 떨었다. 날씨가 차가운 것도 그렇지만 T셔츠 한 장에 팬티만 걸친 것이 원인. 머리 맡으로 손만 뻗으면 우모 점퍼를 입을 수 있었는데 그게 싫어서, 게을러서, 싸다 싸……

밴프 국립공원
🔴 www.pc.gc.ca/pn-np/ab/banff

밴프, 루이스 관광지 소개
🔴 www.banfflakelouise.com

밴프 관광안내소
✉ 224 Banff Ave.
📞 403-762-8421
🕘 매일 09:00~19:00 (5월 중순~9월 중순)
/ 매일 09:00~17:00 (9월 중순~5월 중순)
휴무 : 연중 무휴
🔴 트레킹 정보, 날씨 등은 공원 관리사무
소에, 호텔이나 이벤트 정보 등은 관광안
내소에 문의한다. 국립공원 입장료나 낚시
면허도 구입할 수 있다.

반가운 2진의 합류

누군가를 기다린다는 건 설레는 일이다. 그것도 만리타향의 낯선 장소에서 오랜 지인을 기다리는 심정은 마치 한동안 만나지 못한 가족을 기다리는 심정이다. 열심히 장작을 패고 나르면서도 마음 한구석은 곧 도착할 2진에 대한 생각뿐이다. 날씨가 화창했으면 좋았을 것을. 그랬다면 도착하는 사람도 맞이하는 사람도 한결 마음이 좋을 텐데.

허 대장이 비를 맞으며 열심히 장작을 팬다. 밴프 마트에서 날이 시퍼런 도끼를 구입했더니 드디어 장작 팰 맛이 난다며 엄청 열심이다. 마님이 옆에서 지켜보는 것도 아닌데 너무 열심히 팬다. 저러다가 허리라도 삐끗하면 마님에게 무슨 원망을 들으려고…….

우리가 사용하는 대형 텐트에 여성 동지 명진이와 민경이가 사용할 텐트까지 두 개의 텐트를 나란히 설치했다. 아무래도 2

아침부터 비가 내린다.
캠핑장에서 쓸 나무가 젖어서 불이 잘
붙지 않을 것이다. 태울 것을 챙기자.

진이 오는 첫날인데 술이 빠질 순 없겠지. 주방장 은광이가 2진을 마중하러 갔으니 오늘은 용권이와 내가 대충 술안주를 만들어보기로 했다.

드디어 캠핑장 숲길로 차 한 대가 들어오는 것이 보였다. 바로 우리 텐트 옆에 차를 세우더니 여러 사람이 우르르 내린다. 맏형 남기탁, 《식객》 취재 팀장 호준이 그리고 명진이와 민경이가 모두 도착한 것이다. 기탁 형님은 차에서 내리자마자 허 대장부터 끌어안는다. 그리고 나와 용권이도 따뜻하게 포옹해주었다.

열심히 장작 패는 허 대장

비가 내리는 관계로 우리 모두 대피소로 자리를 옮겨 따뜻한 차부터 마셨다. 2진은 입국 때 1진처럼 정밀검사는 당하지 않았나 보다. 비행기가 도착하고 20분 만에 수속을 다 밟고 웃는 얼굴로 게이트로 나왔다니 말이다. 다들 마중 나온 은광이를 보고 깜짝 놀랐단다. 너무 자연스러워 관광객이 아니라 캘거리에 사는 한인 교포인 줄 알았다고 한다.

한숨 돌리자 다들 새신랑 호준이에게 농담을 건넸다. 신혼여행 다녀와서 3일 만에 가출이라니, 요즘 세상에 이런 겁 없는 신랑이 어디 있단 말인가! 허 대장은 7년이나 함께 일해온 호준이의 결혼식에 참석하지 못한 것이 미안한지 계속 이것저것 안부를 물으며 챙겨준다.

차 한 잔은 곧바로 식사로 이어지고, 식사는 다시 술자리로 이어졌다. 세계 최상급으로 평가받는 앨버타 소고기가 난로 위에서 스테이크로 지글지글 익어가고 있다. 잘 구워진 소고기를 참기름 소금장에 살짝 찍어 먹는 맛이란! 거기에 밴프 시내에서 사온 와인도 몇 병 있으니 이제 행복함으로 충만하기만 하면 된다. 난로 속 숯불에는 알루미늄 포일에 싼 감자가 익어가고 있다. 비 때문에 투덜거렸는데 오히려 궂은 날씨 덕분에 캠핑장에서 더 오붓하게 여유를 부리고 있다. 밖에서 주룩주룩 내리는 빗줄기도 낭만을 더해준다. 이런 것이 진정한 여행의 즐거움이 아니겠는가?

비가 계속 내리는데도 캠핑장에서 수속을 밟고 야영을 한다.
이곳은 정해진 곳 외에는 야영할 수 없다.
이날 밤 소주 반 박스, 양주 한 병 반을 2진 환영용으로 소비했다.

눈 내리는
설퍼 산의 유황온천

"샤르락~."

누군가 텐트를 발로 차는 것일까? 혹은 지붕 위로 뭔가 떨어지는 것 같기도 하다. 혹시 곰이 와서 장난을 치는 것은 아닐까? 어젯밤 술을 많이 마신 때문인지 소변은 급한데 덜컥 겁이 났다. 그렇다고 텐트 안에 실례할 수는 없는 일. 용기를 내어 텐트 문을 열고 밖으로 나왔다.

아니, 대낮도 아닌데 왜 이렇게 환한 거지? 눈앞에 펼쳐진 광경을 제대로 해석하기까지 한참이 걸렸다. 그래, 이건 눈이잖아! 밤새 눈이 내려 온 세상에 하얀 눈이 쌓인 것이다. 샤르락거리던 소리도 곰의 소리가 아니라 나뭇가지에 쌓였던 눈이 텐트 지붕 위로 떨어지는 소리였다.

기대하지도 않았던 설경에 감동하면서도 한편으로는 오늘 산행은 어쩌나 걱정이 들었다. 어제도 비 때문에 하루 일정을 거의 모두 포기하지 않았던가. 복잡한 마음을 아는지 뒤따라 나온 대장이 오늘 일정은 그냥 하늘에 맡기고 호숫가나 산책하자고 한다. 그래, 이럴 때일수록 천천히 돌아가자.

집단가출 플래카드를 둘러쓴 허 대장. 즉석에서 연출하는 행동 하나에서도 그의 위트와 센스를 발견할 수 있다.

어제는 비, 오늘은 폭설. 이런 날씨는 이틀 더 계속되었다. 우리가 로키산맥을 우습게 본 것 아닐까? 주위의 나무들 완전히 크리스마스트리로 변했다.

모두 투잭 호수로 이른 산책을 나가기로 했다. 산허리에 걸린 구름이 요동치는 가운데 수면 위에는 물안개가 자욱하다.

"어머나, 세상에! 이렇게 큰 야외온천이 있네요!"

명진이의 깜짝 놀란 듯한 말투에 처음엔 무슨 말인가 했다. 그러다 조금 있다 모두들 웃음을 터뜨렸다. 산행을 포기한 아쉬움을 한 방에 날리는 훌륭한 조크였다.

투잭 호수는 밴프의 볼거리 중 하나인 미네완카(Minne wanka) 호수와 연결되어 있다. 그리 크지 않고 명성도 훨씬 뒤떨어지지만, 개인적으로 미네완카 호수보다는 투잭에 더 많은 점수를 주고 싶다. 날씨가 맑은 아침에 호숫가를 산책하면서 호수에 비친 런들(Rundle) 산을 보게 된다면 누구나 이 말에 동감할 것이다. 어느 곳에 견주어도 뒤떨어지지 않는 광경을 감상할 수 있는데, 오늘은 런들 산이 구름에 숨어버려 좀 아쉬웠다.

눈 내린 곳에 구름이 낮게 깔리고 물안개까지 뒤섞여 신비로운 분위기를 자아내고 있는 투잭 호숫가의 아침

어떤 캐나다의 유명한 철학자가 "캐나다 생활은 겨울철을 준비하고 참아내고 거기서 회복되는 것으로 이루어진다."는 말을 남겼다. 로키 지역 주민들은 1년의 절반 이상을 눈과 씨름하거나 혹은 눈을 즐기면서 보낸다. 나머지 절반은 그 후유증에서 회복하는 것으로 보낸다. 궂은 봄 날씨를 보내고 더운 여름이 지나가면 다시 겨울이 시작된다. 여기서는 9월 가을부터 겨울이나 진배없다.

눈 때문에 도로에서 자동차 사고도 빈번하고 빙판길에서 넘어져 다치거나 밤중에 동사하는 사람들도 비일비재하다. 하지만 눈은 불편함도 주지만 기쁨도 준다. 공원에서 눈사람을 만들

오후엔 비가 한겨울에도 자주 볼 수 없을 정도의 폭설로 변했다.
모든 일정이 엉망이 되었다.

케이브 & 베이즌 역사유적지

✉ 311 Cave Ave.
☎ 403-762-1566
⏱ 매일 10:00~17:00 (여름철 성수기인 7
월 초~9월 초) / 여름철 성수기를 제외한
기간은 단축 운영된다.
휴무 : 비수기에는 요일별로 휴무하는 경
우가 있다.

설퍼 산 곤돌라

ⓘ explorerockies.com/banff-gondola
☎ 403-762-2523
⏱ 매일 08:00~21:00 (여름철 성수기인 4
월 중순~9월 초순) / 비수기에는 운영시
간이 변경되니 확인 필수
휴무 : 1월에 보수를 위해 약 10일간

미네완카 호수 보트 투어즈

ⓘ explorerockies.com/minnewanka
☎ 403-762-3473
⏱ 매일 10:00~18:00 (여름철 성수기인
6/8~9/15일, 매시간 1편), 소요 시간 1시
간 30분

며 뛰노는 아이들, 스키, 눈썰매, 설상 스쿠터, 스케이트, 얼음
낚시 등 겨울 레포츠의 천국이 눈을 통해 만들어지기 때문이다.
눈이 많고 추운 겨울 덕분에 공기는 깨끗하고 호수의 물은 시리
도록 맑다. 햇빛 속에서 날리는 눈발이 눈이 부시도록 아름다운
겨울날은 오직 캐나다만의 자랑거리다.

그러니 눈에 묶여 캠프사이트 안에만 갇혀 있을 수는 없다.
우리는 밴프 시내로 나가 제일 먼저 '케이브 & 베이즌(Cave &
Basin)'이라는 동굴로 향했다. 100년도 더 전에 철도 인부들이
밴프의 유황온천을 처음으로 발견해낸 현장이라고 한다. 아직
도 동굴 속에서 뜨거운 김이 모락모락 피어오르고 있었다. 온
천으로 쓰기에 충분한 곳이지만 몸을 담가서는 안 된다. 심지
어 손가락도 담가서는 안 된다. 역사적 유적지를 보호하기 위
함이며, 또 이 동굴 안에 서식하는 희귀성 달팽이를 보호하기
위해서라고 한다.

다음은 곤돌라를 타고 설퍼(Sulphur) 산 정상까지 올라가보기
로 했다. 해발 2,281m의 정상까지 올라가는 데 8분. 아무것도
보이지 않는 산꼭대기에서 눈만 실컷 밟고 내려왔다.

곧바로 미네완카 호수에서 보트를 탔다. 눈 때문에 정말로 아
무것도 보이지 않았다. 악마의 계곡(Devil's Gap)까지 다녀오는
데, 2진은 시차 때문에 꾸벅꾸벅 졸고, 1진은 간밤에 마신 술 때
문에 꾸벅꾸벅 존다. 보트 안에는 우리 팀밖에 없는데 모두들
졸고 있고 가이드는 진땀을 흘리며 열심히 설명한다. 졸면서도
미안하다는 생각을 했다.

그래, 이런 궂은 날씨에 할 수 있는 가장 즐거운 일이 있지!

왜 그 생각을 진작에 하지 않았을까. 관광은 그만하고 온천으로 가자. 밴프 하면 설퍼 산이고, 설퍼 산 하면 유황온천이 아니던가. 따뜻한 온천물에 몸을 담그면 비가 와도 좋고 눈이 와도 좋을 것이다.

우리는 밴프를 찾는 관광객의 대부분이 반드시 거쳐 간다는 '어퍼 핫 스프링스(Upper Hot Springs)'로 갔다. 산으로 둘러싸인 야외에 운동장만 한 풀장이 있는 곳이다. 그냥 보면 수영장 같지만 풀장에 김이 모락모락 나고 유황 냄새가 심한 온천물이 채워져 있다는 것이 차이점이다. 노천온천이고 남녀가 함께 쓰기 때문에 반드시 수영복을 착용해야 한다. 물론 빌려서 입을 수도 있다.

우리는 눈이 펑펑 쏟아지는 노천온천에서 머리로는 차가운 눈을 맞고 몸은 뜨거운 물속에 담그고 있었다. "아, 시원하다!" 감탄사가 절로 나왔다. 주변에서 온천을 즐기는 서양인들을 보니 그들도 우리와 다름없이 시원한 얼굴이다. 등산, 트레킹, 스포츠 등의 야외 활동을 한 후 노곤한 몸을 뜨거운 물에 담그는 것은 동서양이 똑같은 모양이다.

이날 온천을 가장 효과적으로 즐긴 사람은 단연 기탁이 형님이었을 것이다. 서울에서 가져온 감기몸살 기운 때문에 남몰래 힘겨워했는데, 이날의 온천욕으로 훌훌 털고 일어났다. 다음 날부터 주량이 정상으로 돌아온 것을 보면 분명히 그렇다.

어퍼 핫 스프링스
ⓘ www.hotsprings.ca
☎ 403-762-1515
⊙ 매일 09:00~23:00 (여름철 성수기인 5/17~10/14일)
휴무 : 연중 무휴

폭설 내리는 캠핑장의 밤,
이 황홀한 밤을 그냥 넘길소냐.
마시자!

빅토리아 산 가는 길에
차가 주저앉다

밤새도록 펑펑 흰 눈이 내렸으니 오늘 여행도 그르치는 것이 아닐까. 잠에서 깨자마자 걱정부터 앞섰다. 텐트 지퍼를 내리고 살며시 밖을 내다보았다. 기온은 쌀쌀하지만 다행히 눈은 그쳤다. 호준이를 시켜 도로 상태를 보고 오라고 하니 다녀와서 오케이라는 사인을 보낸다. 좋다. 그렇다면 오늘은 밴프에서의 첫 트레킹에 나서기로 하자!

목적지는 당연히 루이스(Louise) 호수가 있는 빅토리아(Victo-

루이스 호수 정보 사이트
 www.bannfflakelouise.com

루이스 호수 관광안내소
 레이크 루이스 빌리지 내 심슨 몰
 403-522-3833
 매일 08:30~19:00 (6월 중순~9월 초순) / 이 기간을 제외한 경우 운영 시간이 단축되니 확인 필수
휴무 : 연중 무휴

짐이 엄청나게 늘었다. 1진이 갖고 있던 카고백 6개, 작은 배낭 4개, 카메라 2대, 소주 2박스, 주방용품에다 2진이 갖고 온 카고백 7개, 소주 4박스, 양주 4병, 각자의 배낭 4개, 카메라 가방 1개. 짐 속에서 사람이 찡겨 다닌다. 스스로 만든 고생이니 누구를 탓할 수도 없다.

밴프의 자동차 정비소. 예약이 밀려 3일 후에나 다시 오라던 정비사의 말에 망연자실해 있다가 주유소에서 이 고풍스런 차량과 앙증맞은 캐러밴을 발견했다.

하이웨이를 벗어나 루이스 호수로 가려면 반드시 지나쳐야 하는 빌리지. 관광안내소, 식당, 가게, 주유소 등이 있어 그냥 지나치긴 힘들다.

ria) 산이다. 세계 10대 절경이라 불리며 캐나다 로키의 아름다움을 대표적으로 보여주는 곳이 아닌가. 로키를 찾는 사람이라면 누구나 루이스 호수를 들를 것이다. 만약 이곳을 들르지 않았다고 하면 로키 여행을 제대로 했다고 말할 수가 없다.

한창 루이스 호수로 이동하고 있는데 뒤차에서 자꾸만 헤드라이트로 신호를 보내온다. 무슨 일일까. 갓길로 차를 세우니 마치 때를 기다렸다는 듯이 다들 카메라를 들고 차에서 내린다. 호수와 산이 어우러진 경치가 발목을 잡은 것이었다.

하지만 또 다른 이유가 있었다. 은광이가 걱정스러운 얼굴로 미니밴에 조금 전부터 이상한 경고등이 들어온다고 말했기 때문이다. 매뉴얼을 가져와서 찾아보니 그 경고등은 'low tire pressure'를 의미했다. 그럼 타이어 압력이 적다는 의미인데, 바퀴에 바람이 빠졌다는 이야기가 아닌가? 펑크난 것도 아니고 멀쩡해 보이는데 도대체 무슨 일이람? 자세히 살펴보니 뒤에 실은 짐의 무게를 못 이겨 차가 주저앉은 것 같았다. 하기야 캠핑 장비에 사람 수만큼의 카고백, 거기에 식량과 취사용구로 빽빽이 실었으니 차도 버거울 수밖에.

만약 은광이 예측대로 무거운 하중 때문에 쇼크업소버(Shock Absorber)가 나간 것이라면 큰일이 아닐 수 없다. 이틀간 비와 눈 때문에 발이 묶였었는데 이번에는 차 때문에 또 며칠을 묶일 판이다. 참으로 난감한 일이 아닐 수 없다.

우선은 가까운 정비소를 찾아가 그 원인이라도 알아보기로 했다. 밴프로 돌아가 어렵사리 찾은 정비소에선 한술 더 뜬다. 예약이 너무 많이 밀려 3일 후에나 점검이 가능하다나? 그러면

꼼짝없이 여기서 사흘을 더 묵어야 한다는 말인가? 가장 가까운 현대자동차 서비스 센터는 캘거리에나 있을 것이니 일정을 되돌려 갈 수도 없고……. 실로 진퇴양난이 아닐 수 없다.

일단 마음을 진정시키기 위해 주유소에 들어가 커피 한 잔씩을 시켰다. 혹시나 해서 은광이를 불러 타이어에 바람을 넣어 보라고 했다. 그 외에는 달리 해볼 방법이 없었기 때문이다. 조금 있으니 은광이가 얼굴 가득 웃음을 띠고 들어온다. "형, 경고등이 사라졌어요!"

휴, 살았다. 황소가 뒷걸음질치다가 쥐를 잡은 격이다. 황소가 쥐를 잡든, 쥐가 황소를 잡든 아무려면 어때? 차만 쌩쌩하게 달리면 되는 거지. 자, 다시 출발이다.

한국말이 유창한
캐나다인 웨이터

차 때문에 한바탕 소동을 벌이다 보니 벌써 배가 고플 때가 되었다. 매식을 할 것인가, 어디 쉴 만한 곳에서 라면이라도 끓여 먹을 것인가. 자동차 때문에 마음고생이 심했던 은광이에게 또 요리를 해달라고 하기가 미안했다. 오랜만에 캐나다식 점심을 먹어보는 것도 나쁘지 않을 것 같았다.

1번 하이웨이를 벗어나 루이스 빌리지에 있는 '빌리시 그릴'이라는 식당으로 들어갔다. 식당이라야 두 군데밖에 없어 선택의 폭이 그리 넓지는 않았다. 양식 메뉴가 대부분이었지만 주인이 중국인이라고 몇 가지 중국식 요리도 포함되어 있었다. 고급식당도 아니고 그렇다고 특별히 음식 맛이 뛰어난 것도 아니었다. 우리나라로 치면 오고가는 뜨내기 손님을 상대하는 버스터미널의 성의 없는 식당과 같은 느낌이었다. 간단하게 샌드위치와 햄버거를 주문했다.

하지만 우리를 접대했던 웨이터는 좀 유별났다. 턱 밑에 정사각형 모양으로 수염을 기른 것도 특이했지만,

튼튼하고 지칠 줄 모르는 종마 정용권도 지쳤는지 점심 시키고 그 사이 졸고 있다. 서울에 두고 온 마누라를 만나는 중일까?

첫눈에 우리가 한국 사람이란 것을 알아챘는지 대뜸 "안녕하세요?" 하고 인사를 건네는 것이 아닌가. 당연히 우리 눈이 휘둥그레질 수밖에. 어떻게 한국말을 아느냐고 물었더니, 한국 손님들이 자주 오다 보니 한국어를 배워야겠다는 생각이 들어 손님들에게 한두 마디씩 틈틈이 배웠단다. 제법 기특한 친구를 만난 것이다.

그렇다고 우리의 유창한 한국말에 응대할 수 있는 수준은 아니지만 제 할 말은 그런대로 하는 편이었다. 그러다가 가끔 말이 막히면 메뉴판 뒤를 흘낏흘낏 쳐다본다. 아하, 그 뒤에 조그만 커닝 페이퍼가 붙어 있는 것이 아닌가. 커닝 페이퍼를 들킨 것이 제 딴에도 쑥스러운지 어눌한 목소리로 "맛있게 드세요." 하며 히죽 웃고는 가버린다. 우리가 자리를 뜰 때쯤에는 "다음에 또 봐요."라며 작별인사를 한다. 형편없이 배운 한국어는 아닌 듯해서 다행이었다. 하는 짓이 밉지 않고 한국 사람에게 한국말로 서비스하려는 성의가 괘씸(?)해서 팁을 좀 후하게 주었다.

루이스 빌리지의 평범한 식당에서 가장 평범한 캐나다식 점심을 먹었다. 허 내장 왈, "이런 것만 먹고 살아남은 백인들…… 정말 질기다."

우리 대원들은 세븐업을 마시며 정력을 보충한다. 쓸 곳도 없으면서……

세계 10대 절경 루이스 호수와
여섯 빙하의 평원

밴프에서 루이스 호수까지는 대략 60km. 한 시간 정도면 갈 수 있는 거리를 주저앉은 차와 점심식사 때문에 세 시간이나 걸려 도착했다.

루이스 호수는 세계적인 관광 명소답게 연중 어느 때 가더라도 늘 사람들로 붐빈다. 해발 1,732m의 높이에 걸려 있는 호수인데 실제로 가보면 그런 고도감은 전혀 느낄 수기 없다. 호수 입구까지 관광버스도 다니고 주차장도 있다. 밴프에서부터 자전거를 타고 오는 두 다리 튼튼한 젊은이들도 많이 있다.

어떻게 이 높은 산 중턱에 호수가 만들어질 수 있었을까. 빅토리아 산에는 그 기슭에 터를 잡은 빙하가 있는데 거기서 녹아내려온 물이 루이스 호수가 되었다. 산, 빙하 그리고 호수. 이 셋은 사실 한 집안 식구나 다름없다. 산이 없었으면 그곳에 빙하가 있었을 리가 없고, 또 빙하가 없었으면 호수도 생겨나지 않았을 것이다. 빅토리아와 루이스는 사실상 모녀 사이인 셈이다. 그래서 빅토리아 여왕의 이름을 딴 이 산의 호수에 여왕 딸의 이름 루이스를 붙인 것일 게다.

아쉽게도 날씨는 맑지 않았다. 하늘에 가득한 구름 때문에 수려한 암봉들이 호수에 들어앉은 모습은 볼 수 없었다. 호수 뒤편에 우뚝 솟은 빅토리아 산(3,464m)도, 르프로이 산(Lefroy, 3,423m)도 흐린 날씨 때문에 우리 시야에서 사라져버렸다. 하지만 여기가 그 유명한 루이스 호수가 아니던가. 여행서에서 보았던 익숙한 풍경을 직접 우리 눈으로 보고 있다는 감격은 어쩔 수 없는 모양이다. 모두가 호숫가로 나가 관광객들 속에 섞여 사진 찍기에 여념이 없다.

여기저기서 한국말이 들려왔다. 이곳이 지금껏 우리가 돌아다닌 관광지 중에 가장 대중적인 관광지이기 때문일 것이다. 호수를 배경으로 열심히 사진을 찍더니, 이내 발길을 돌려 루이스 호수를 떠나려고 한다. 저런, 아직 이 호수의 진가를 발견하려

루이스 호수에서 시작한 트레킹. 호수, 숲, 산, 모레인(빙퇴석), 빙하 등 다양한 것을 보여주고 6시간 30분 만에 끝났다.

면 멀었는데! 호수 한쪽으로 나 있는 트레킹 코스를 따라 올라가면 그때부터가 진짜다. 달력에 수도 없이 나오는 흔하디 흔한 각도에서 보는 루이스 호수가 아니라 오직 자신만이 발견할 수 있는 새로운 각도의 루이스가 나오는 것이다.

트레킹을 시작하자 그 많던 한국인의 모습이 다 사라지고 보이지 않았다. 호수를 배경으로 자신의 사진을 찍는 임무를 완수했으니 더 이상 볼일이 없나 보다. 그래도 줄지어 올라가는 무리 속에 일본인은 꽤 눈에 띄었다. 이번 여행을 하면서 새삼 느낀 것이지만 일본인들, 참 기특하다. 이들은 등산화를 챙겨 신고 숲 속 깊은 곳이나 높은 산까지 올라가는 것을 마다하지 않는다. 가이드를 고용하여 안내를 받으며 올라가는 노부부들도 많이 보았다. 어떤 경우는 별 볼 것도 없는 곳인데도 정상을 향해 꾸역꾸역 끝까지 올라가는 일본인들도 있었다. 눈이 마주치면 "하이!" 하며 절도 있게 목례하는 그들의 모습에서 모범생 이미지가 떠오른다.

우리가 선택한 트레킹 코스는 '여섯 빙하 평원(Plain of the Six Glaciers)'이 있는 코스였다. 이것 외에도 아그네스(Agnes) 호수와 빅 비하이브(Big Beehive)를 연계해 루이스 호수를 하늘에서 내려다보는 코스 또한 추천할 만하다. 모두 왕복 다섯 시간이면 충분하다. 체력이 좋거나 빨리 걷는 사람이라면 두 코스를 묶어 하루에 걸을 수도 있다. 이 코스들은 특별한 산행 준비 없이도 마음만 먹으면 물 한 병 달랑 들고 운동화 차림으로 다녀올 수 있다.

호수를 왼쪽에 두고 호숫가를 따라 오솔길을 걷기 시작했다.

아그네스 호수와 빅 비하이브
보행거리 : 총 11km
소요시간 : 등산 3시간, 하산 2시간
표고차 : 520m
코스 : 루이스 호수 → 아그네스 호수 →
빅 비하이브 전망대 → 루이스 호수

이 길은 평탄하고 경치도 아름다워 휘파람을 불며 갈 수 있을 정도다. 머리에 빙하를 뒤집어쓴 빅토리아의 장엄한 모습이 점점 가까워지면 왼쪽으로는 애버딘, 르프로이 등 울퉁불퉁한 암봉이 스카이라인을 이룬다. 다행히도 아까는 구름에 가렸던 빅토리아 정상이 산뜻하게 모습을 드러낸다. 늘 구름에 가려 있어 정상을 보는 경우가 그리 흔치 않으니 우리는 운이 좋다. 가끔 고개를 돌려 뒤를 보면 루이스 호수 특유의 색깔이 빛나고 그 옆에 자리 잡은 호텔은 아름다운 풍경의 일부가 되어 있는 느낌이다.

본격적인 오르막이 시작되었다. 좀 더 올라가면 여섯 개 빙

빅토리아 산에서 흘러내린 빙하를 따라 산을 오르고 있다. 가운데 보이는 산이 북미 최초로 조난사고가 있었던 르프로이 산이다.

하를 한눈에 볼 수 있는 평원이 나타나고 그곳에 작은 찻집이 있다는 말에 힘을 낸다. 산속 찻집은 언제라도 그냥 지나칠 수 없는 매력이 있기 때문이다. 게다가 때 아닌 추운 날씨와 눈을 만난지라 따뜻한 커피 한 잔이 그리워진다. 캐나다 트레킹 코스를 걷다 보면 종종 이와 같은 'Tea House'를 발견할 수 있는데 이는 영국 식민지 시절의 잔재라고 한다. 당시 귀족들은 이렇게 풍경 좋은 곳을 걷고 나서 잠시 차 한 잔을 즐기는 것을 풍류라 여겼었나 보다.

찻집까지 나 있는 넓고 밋밋한 등산로 대신 빙하 위 모레인(Moraine) 지역의 모래 탑 위를 걸었다. 양쪽 모두 발을 잘못 디디면 최소한 수십 미터 아래로 미끄러질 판이니 약간 오금이 저려온다. 하지만 대부분이 산행 경험이 많아 태연하게 잘도 걷는다.

찻집 앞에서 대장이 정상까지 올라갔다 내려온 후에 차를 마셔도 좋지 않겠냐고 말한다. 우리는 트레킹을 계속하기로 했다. 1.6km를 더 올라가서 빅토리아와 르프로이 사이에 있는

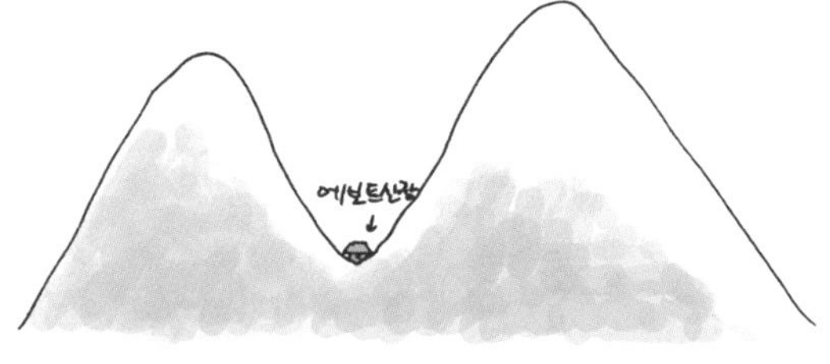

북미 최초의 조난자 필립 애보트. 그의 이름을 딴 산장이 있다. 죽어도 최초여야 이름을 남긴다.

애보트 패스(Abbot Pass)를 올려다볼 수 있는 전망대에 올랐다.

전망대에 오르자 빅토리아 정상부가 다시 구름에 가리며 금세 눈발이 날린다. 로키 날씨는 정말 믿을 게 못 된다. 날씨도 너무 추워져 서둘러 산을 내려와 찻집으로 들어섰다.

찻집 안은 아늑했다. 벽돌을 쌓은 벽면이 그대로 드러나 있고 투박한 나무 테이블이 친근함을 더해준다. 얇은 커튼이 쳐진 격자무늬의 창문 밖으로 여섯 빙하가 한눈에 들어왔다. 우리는 뜨거운 차를 호호 불며 마셨다. 이틀 동안 비와 눈에 묶여 꽁꽁 얼었던 마음이 봄눈 녹듯 풀린다. 산에서 만난 인연들이라서 그런지 산에 올라와야 드디어 제 모습을 찾는 것 같다. 어두컴컴한 실내에서 창가에 켜놓은 촛불 너머로 눈발 휘날리는 것을 바라보는 것도 무척 낭만적이었다. 벌써부터 크리스마스 기분을 내는 듯했다.

우리는 몇 시간 전 점찍어둔 루이스 호숫가의 샤토 레이크 루이스 호텔 레스토랑에서 근사한 저녁을 먹기로 했다. 영국 왕실의 하인 복장을 한 벨보이에게 레스토랑에서 식사를 하러 왔다고 말하니 친절하게 안내해준다. 그런데 문제는 레스토랑 입구에서 벌어졌다. 매니저인 듯한 사람이 우리의 차림새를 훑어보더니 투숙객이 아닌 사람은 레스토랑에 들어갈 수 없다고 하는 것이 아닌가. 순간, 이건 핑계라는 생각이 들었다. 전통의 권위 있는 호텔인 만큼 손님들의 물 관리를 하고 있는 것이 분명했다. 샤토 레이크 루이스가 투숙객과 비투숙객의 공간을 구분하고 있고 각각의 레스토랑을 따로 두고 있다는 사실은 알고 있었지만, 입장 거부를 당할 수도 있다는 얘기는 금시초문이었다.

추운 날, 등산한 후 마시는 따뜻한 차 한 잔. 온몸을 훈훈하게 녹이기에 충분하다.

우리 모두 나름대로 상처를 받았다.

비 때문에 야영을 포기하고 레이크 루이스의 유스호스텔에서 묵기로 했다. 들어가는 길에 마트에 들러 야채와 고기를 잔뜩 샀다. 샤토 레이크 루이스에서 거부당한 아픈 기억을 근사한 저녁식사로 위로하기 위해서였다. 오늘도 은광이가 솜씨를 발휘하여 LA갈비를 해주었다. 고기를 연하게 하기 위해 캐나다산 와인이 살짝 첨가되니 향기가 입안에 가득했다. 모두 과식을 한다. 여행을 하면 고생을 많이 해서 살이 빠진다고 하는데 이번 여행은 오히려 살이 오를까 봐 걱정이다. 왁자지껄 한 상 가득 펴놓고 먹는 한국인의 모습이 인상적이었는지 한 홍콩인이 다가와 사진 몇 장을 찍어도 좋겠냐고 묻는다.

유스호스텔 부엌에서 들어오는 사람을
계속 바꿔가면서 떠드는 영감.

선뜻 그러라고 했는데 과연 아름다운 모습이었을지 모르겠다.
원래 유스호스텔의 부엌은 공동취사 공간이라 우리처럼 한자
리 차지하고 떠들썩하게 먹는 것은 곤란하다. 부엌의 식기와 취
사도구를 몽땅 우리가 썼으니 민폐도 이만저만이 아니었다. 남
에게 싫은 소리 안 하는 너그러운 캐나다인들 덕분에 잘 넘어
갔다고 생각한다.

　다들 볼록 나온 배를 두드리며 유스호스텔 주변을 산책했다.
캐나다에서의 열 번째 밤이 이렇게 무르익어갔다.

집단가출 중 식탁에 키친타올을 한 장씩 깔고
식사 후에는 그 키친타올로 1차 설거지를 하는 버릇을
집에까지 가져가게 되지 않을까?

다른 여행객들은 우리의 쫙 펼쳐놓고 먹는 식탁을 신기해했다. 실제로
보통 여행객들은 시리얼, 우유, 피자, 파스타 등 간단한 것만 먹는다.

루이스 호수의 가장 전형적인 풍경. 앞에 보이는 산이 빅토리아 산의 여섯 빙하다.

자전거 하이킹의 진정한 묘미를
맛보는 보 밸리 파크웨이

열한 번째 날. 오늘도 날씨가 그리 맑지는 않았다. 가볍게 아침을 챙겨먹고 보 밸리 파크웨이(Bow Valley Parkway)로 가서 자전거 하이킹을 하기로 했다.

보 밸리 파크웨이는 밴프에서 루이스 호수로 가는 또 다른 길이다. 어제 우리가 갔던 1번 하이웨이와 보(Bow) 강을 사이에 두고 거의 수평으로 놓여 있다. 갈 길이 바쁜 사람들은 차를 타고 1번 하이웨이로 가고 그렇지 않은 사람들은 자전거를 타고 보 밸리 파크웨이로 간다. 이곳도 자동차가 다니기는 하지만 시속 60km 이하로 달려야 한다는 제약이 있다. 하지만 아무도 불평하지 않는다. 이곳을 다니는 차들도 천천히 달리면서 경치를 즐기고자 하는 마음이 크기 때문이다.

모두들 1인용 자전거를 빌리는데 은광이와 나는 색다르게 2인용 자전거를

아침식사 중 서울에서 새신부가 새신랑에게 전화를 했다. 두 사람은 어묵국에 만 밥이 텅텅 불 때까지 통화했다.

자전거 여행의 묘미는 달리는 데만 있는 것이 아니다. 힘이 들면 아무 곳에서나 쉬면서 사방을 둘러보는 재미도 제법 쏠쏠하다.

"하나 둘! 하나 둘!" 열심히 박자를 맞추고 있는 덤 앤 더머. 이남기와 김은광.

보 밸리 파크웨이
루이스 호수와 밴프를 연결하는 도로. 트랜스 캐나다 하이웨이로 쓰이다가 보 강 건너편에 새로 하이웨이가 생기면서 관광도로로 변신하였다. 총 길이 51km의 이 도로는 야생동물을 볼 기회가 많고 자전거 타는 사람들로 붐빈다. 시속 60km로 속도 제한이 있고 야생동물의 짝짓기 시즌에는 야간 통행이 금지되기도 한다.

타보기로 했다. 사실 은광이가 힘이 좋으니까 나는 거저 탈 수 있을 거라는 속셈이었다. 그런데 웬걸? 오히려 1인용 자전거에 비해 훨씬 힘들었다. 페달을 밟는 것부터 둘의 호흡이 척척 맞아야 하는데 기어를 바꿀 때마다 박자가 엉켜서 쉽지 않았다. 몇 번 엇박자가 나더니 시간이 조금 지나서야 그런대로 호흡이 맞았다.

"하나 둘! 하나 둘!" 박자를 맞추며 열심히 오르막에서 페달을 밟고 있는 우리를 보고 옆에서 짐 캐리가 주연한 영화 〈덤 앤 더머〉가 연상된다며 다들 깔깔거린다. 그렇다면 누가 덤이고 누가 더머란 말인가? 은광이와 나는 서로 더머가 아니라며 옥신각신했다.

다른 사람들은 벌써 저 앞으로 치고 나가 우리 둘의 마음을 조급하게 했다. 특히 맏형의 돌진이 눈에 띄었다. 대장은 또 왜 저리 빨리 달리는 것인가. 혹시 간밤에 비아그리라도 먹은 것 아닐까? 백두대간 종주하면서도 맏형은 우리가 힘들어하면 무슨 비타민인가를 탄 노란 물을 주곤 했다.

보 밸리 파크웨이는 엘크, 사슴 등의 야생동물이 출현하는 장소로도 명성이 자자하다. 그래서 앞만 보고 너무 빨리 달리다가는 야생동물과 충돌사고가 일어날 수도 있으니 조심해야 한다. 일단 야생동물이 출현하면 도로에서 사라질 때까지 멈추고 기다려주는 것이 예의다. 이 녀석들도 자동차와 사람에 이골이 났는지 전혀 놀라지 않고 천천히 행동한다.

안타깝게도 우리는 야생동물과 조우하는 행운을 누리지 못했다. 대신 지나가는 차들이 우리를 보고 속도를 줄여주고 어떤

사람들은 손을 흔들며 웃어주기까지 했다. 자전거 타는 사람들
이 놀랄까 봐 중앙선을 넘어 조심스럽게 앞지르기를 시도하는
그들을 보니 배려심이 깊은 사람들이라는 생각이 든다. 확실히
좁은 국토에서 복잡하게 부딪치며 살아가는 우리와는 다른 여
유와 웃음이 있다.

　　두 노익장의 속도가 너무 빨라서 스톱을 요청했다. 덜컹거리
는 2인용 자전거로 밴프까지 가기는 무리였다. 중간쯤에 있는
캐슬 산(2,766m)까지만 가기로 했다. 페달을 힘껏 밟으면 정상
까지도 치고 올라갈 수 있을 것 같다.

플라이 낚시의 매력을
만끽할 수 있는 베이커 크릭

캐슬 산 방향으로 자전거를 달리다 보니 베이커 크릭(Baker Creek)이라는 개천이 나왔다. 계류가 합류하는 지점인 만큼 물고기가 많을 것 같아 이곳에서 낚시를 하기로 했다. 철길을 건너 강가 모래밭에 진을 쳤다. 몇 명은 낚싯대를 던지고 나머지는 매트리스를 깔고 앉아 한가롭게 잡담을 나눈다. 며칠 만에 다시 찾은 한가한 시간이다.

캐나다는 함부로 낚시를 할 수 있는 나라가 아니다. 국립공원 지역은 말할 것도 없고 어느 지역에서건 낚시를 하려면 면허를 사야 한다. 면허는 하루짜리 면허와 1년짜리 면허 두 가지가 있는데, 1년 안에 4일 이상 낚시를 할 요량이면 아예 1년 면허를 사는 것이 싸다. 국립공원 입장료도 마찬가지다. 향후 1년 동안 7일 이내로 국립공원에 들어설 것이면 하루씩 입장료를 내는 것이 좋지만 그 이상 머무를 생각이라면 1년짜리 입장료를 끊는 것이 싸게 먹힌다. 그래서 우리도 아예 1년짜리 패스를 사서 휴대하고 다녔다.

캐나다에서는 낚시를 하기 전에 미리 꼭 확인해야 할 정보가 있다. 우선 낚시가 가능한 장소와 시기를 알아야 한다. 또 낚시로 잡을 수 있는 어종과 절대 잡아서는 안 되는 어종을 알아야 한다. 잡을 수 있는 어종이라 해도 하루에 잡을 수 있는 마릿수가 정해져 있다. 제한된 마릿수 이상으로 잡았다가 적발되면 벌금이 만만치 않다. 낚시로 잡은 물고기를 판매할 수도 없다. 몰랐다고 발뺌한다고 해도 봐주지 않는다. 뇌물? 큰일날 소리다. 뇌물을 먹이려 했다고 더 큰 벌금을 먹일 것이다. 사실 규정을 좀 어겼다고 감시원에게 걸리는 경우는 그리 흔치 않다. 그러나 한 번 걸리면 왕창 바가지를 쓰게 되니 스스로 조심하지 않으면 안 된다.

그런 갖가지 제약에도 불구하고 우리는 낚시를 하기로 했다. 캐나다 스타일의 낚시를 체험해본다는 소박한 생각에서였다. 하루짜리 낚시 면허도 사고 낚싯대도 몇 개 빌렸다. 대장은 손맛을 느끼기엔 플라이 낚시가 최고라며 플라이 낚싯대를 빌렸다. 모두가 낚시꾼과 물고기가 벌이는 팽팽한 신경전을 기대하

플라이 낚싯대를 빌린 허 대장. 과연 물고기를 잡아 우리에게 매운탕을 먹게 해줄까?

고 있었다.

"점심에는 매운탕 먹을 수 있는 거죠?"

명진이와 빈경이가 잔뜩 기대하는 얼굴로 우리를 응원한다. 은광이는 아예 버너에 물을 올리고 생선 매운탕을 끓일 만반의 준비를 하고 있었다. 그런데 이를 어쩌나. 아무리 기다려도 어느 낚싯대에서도 물고기 올라오는 소식이 없다. 자리를 잘못 잡은 것일까? 모두들 그럴듯한 이유를 대며 투덜거린다. 배는 고파오고 시간은 하염없이 흐른다. 마침내 대장이 플라이 낚싯대를 거두자 다들 주섬주섬 정리를 했다. 낚시 면허를 사고 낚싯대를 빌린 비용이 눈앞에 아른거렸다. 캐나다에서 천렵을 즐긴다고 잔뜩 기분을 냈는데 이게 무슨 꼴이람.

어쨌든 뭔가 먹어야 한다. 은광이가 매운탕 대신 라면을 끓여주었다. 나름대로 햄과 야채를 잔뜩 넣어 부대찌개 같은 맛을 내어 끓여주니 위로가 되었다. 라면을 먹고 나서 잠시 휴식시간을 갖기로 했다. 은광이와 호준이는 저편에서 무슨 대화에 빠져

베이커 크릭에 자리 잡은 로지. 너무 꽉 짜인 여행은 고문이다. 가끔은 한적한 곳에서 여유롭게 하룻밤 묵는 것도 여행의 참맛을 느낄 수 있는 방법이다.

있고 명진이는 민경이를 개천 가까이 세워두고 사진을 찍는다.
나는 침낭 속에 들어가 스르르 잠에 빠졌다.

얼마쯤 지났을까? 대장이 다가와 조용히 나를 깨운다.

"우리 이렇게 한적한 곳에서 하룻밤 묵으면 안 될까?"

베이커 크릭에 자리 잡은 그림 같은 로지가 무척 마음에 든
모양이다. 안 될 것이 뭐가 있겠는가? 다른 일정을 모두 떨치고
여기서 하룻밤 묵기로 했다. 너무 꽉 짜인 일정으로 진행되는
여행은 고문일 수도 있다는 생각이 들었다. 오늘처럼 일정에 매
이지 않고 여유를 부릴 수 있는 날도 하루는 있어야 하지 않겠
는가. 좀 비싸기는 하지만 한 번쯤은 이런 곳에 묵어보는 것도
좋을 것 같았다. 로지보다 좀더 좋은 숙소인 통나무로 지은 캐
빈을 얻으려 했지만 모두 예약이 되어 있단다. 객실도 방 두 개
만 겨우 남았다고 하니, 더 이상 묻지도 않고 방 두 개를 잡았다.

이호준은 웬만한 일을 해결하는 능력이 있다. 그런데……

다정한 산행길
모레인 호수와 센티널 패스

다시 새로운 날이 밝았다. 모처럼 해님이 얼굴을 내밀어 화창한 하늘을 보여준다. 예정대로 산행을 하기에 아주 좋은 날씨였다.

오늘 우리가 오를 곳은 템플(Temple) 산과 피너클(Pinnacle) 산의 안부에 있는 센티널 패스(Sentinel Pass)다. 모레인 호수를 출발해 라치 계곡(Larch Valley)을 거쳐 오른다. 모레인 호수는 루이스 호수에서 그리 멀지 않다. 텐픽스(Ten Peaks) 계곡 안에 있어서 루이스 호수 못지않은 뛰어난 경치를 선사한다. 사실, 내 느낌으로는 루이스 호수보다 오히려 이쪽 풍경이 훨씬 나아 보인다. 아마 화창해진 날씨 때문에 더 그렇게 느꼈는지도 모른다.

산행은 왕복 12km에 등반고도가 725m. 대략 대여섯 시간 소요될 예정이다. 이곳은 불곰 또는 회색곰이라 불리는 그리즐리가 자주 출몰하는 지역이라서 함부로 오를 수 없다. 한 그룹에 최소한 4명은 되어야 허락을 받을 수 있고, 그보다 인원이 적으면 트레일 입구에서 기다리다가 다른 그룹과 함께 인원을 채워 올라야 한다.

처음부터 지그재그의 오르막길이 지루하게 펼쳐진다. 그래

라치 계곡에는 초가을이면 노랗게 옷을 갈아입는 낙엽송 덕분에 아름다운 색의 향연이 벌어진다.

도 나무 사이로 모레인 호수의 비췻색이 비칠 때면 너무 아름다워서 할 말을 잃어버린다. 한 시간 정도 올라가자 갈림길이 나타나면서 라치 계곡으로 접어들었다. 갑자기 눈이 부셨다. 바늘같이 좁은 이파리들이 황금색과 오렌지색 옷을 입고 바람 따라 흔들리고 있었기 때문이다. 가을 낙엽을 여기서 볼 수 있다니 놀라웠다. 캐나다에서 낙엽송을 찾기도 어렵지만 워낙 겨울이 빨리 와서 낙엽을 즐길 틈도 없다. 그리고 보니 라치라는 이름 자체가 낙엽송의 이름이었다.

발목까지 빠지는 흰 눈을 밟으며 초원을 가로질렀다. 왼쪽에는 높게 솟은 열 개의 봉우리가 있고, 오른쪽은 템플 산이 버티고 있다. 다들 기분이 날아갈 듯하다. 은광이와 호준이, 명진이, 민경이 등 젊은 친구들은 시시한 농담을 하며 장난하기 바쁘다. 워낙 밝은 사람들이지만 산에 올라오면 더 어린아이가 된다.

센티널 패스 아래에 있는 미네스티마 호수부터는 눈길을 헤치고 지그재그의 급경사 길을 올라야 한다. 이탈리아에서 왔다는 한 커플이 함께 가자고 우리에게 붙었다. 함께 온 일행들이 이곳에서 돌아가는 모양이었다. 남자는 아버지에게서 물려받았다며 낡은 스패츠를 꺼내 착용한다. 사실 우리는 눈이 내리는 날씨를 어느 누구도 예측하지 못했기에 그 흔한 스패츠나 아이젠도 준비하지 못했다. 다행히 앞서 간 사람들이 러셀을 해놓아 큰 어려움 없이 따라 오를 수 있었다.

드디어 해발 2,611m, 센티널 패스에 올랐다. 우리 앞으로 파라다이스 계곡이 펼쳐졌다. 오랜 시간 풍화작용을 겪은 듯 송곳처럼 뾰족한 바위들이 눈에 많이 띈다. 뒤로는 또 어떤가. 열 개

미네스티마 호수. 여기서부터는 제법 발이 빠지는 눈길을 헤치고 나가야 한다.

푸른 하늘과 새하얀 눈만 존재하는 대자연 속에 사람 꽃이 피어 있다.

의 봉우리가 우리를 감싸듯이 둘러 있다. 푸른 하늘과 하얀 눈, 검은 바위산과 노란 라치 계곡이 어우러져 일대 장관을 연출한다. 역시 산을 오른 것은 탁월한 선택이었다. 모두들 경치에 취해 내려가자는 사람이 없다. 그냥 여기에서 살면 안 되는 걸까?

2,611m 오르며
고소증세?

센티널 패스를 오르는 내내 민경이가 선두에 서서 씩씩하게 걷는다. 우리 일행 중 막내인 이 친구는 젊고 예쁜 데다 착하기까지 해서 귀여움을 많이 받고 있다. 휴양지나 돌아다녀야 할 젊은 아가씨가 산에 빠져 사는 이유는 집안 내력이다.

하지만 저렇게 잘 걸을 줄이야. '청출어람 청어람'이라고 새로운 대장감 하나 나왔다며 우리 모두 뒤에서 소근거렸다. 대장 들으면 기분 나빠 할 것 같아서 말이다. 아이러니하게도 민경이가 잘 걸으면 명진이가 고생한다. 모델의 앞뒤를 쫓아다니며 카메라에 담아야 하니 거의 고생이 두 배다. 명진 언니 생각을 한다면 그렇게 씩씩하게 걸으면 안 되는데 이 친구 전혀 눈치를 못 채고 있다.

백두대간을 종주할 때도 이렇게 잘 걷던 아가씨가 하나 있었다. 처음부터 잘 걸었던 것은 물론 아니다. 산을 좋아하는 남자친구 때문에 어쩔 수 없이 따라온 이 아가씨의 첫인상은 공주병이 연상될 만큼 여릿여릿했다. 제 배낭도 남자친구에게 맡기기 일쑤이고, 등산화 끈도 스스로 매지 못했다. 그러던 그녀가 점점 산행의 묘미에 빠져들더니 종주를 마칠 쯤에는 1ℓ짜리 막걸리 병 서너 개를 자기 배낭에 넣고 선두에 설 만큼 일취월장했다. 그때 우리 모두 세상 물정 모르던 아가씨를 사람 만들었다고 얼마나 흐뭇해했던가.

그런데 센티널 패스에 다 올라서 그렇게 씩씩하던 민경이가 갑자기 안색이 안 좋아졌다. 얼굴이 창백해진 것은 그렇다 치더라도 속도 메스껍고 머리도 아프고 걸음걸이도 좀 불안해 보였다. 이거 영락없는 고소증세가 아닌가. 하기야 외국 산에 오르는 건 처음이라고 했으니 결국 이렇게 높은 고도는 처음이란 이야기와 일맥상통한다. 더구나 높은 산에 오르려면 천천히 걸으며 고도에 신체를 적응해야 하건만 민경이는 처음부터 의기양양 대장처럼 걸었으니 몸에 무리가 온 것이다.

점심도 못 먹고 남들 맛있게 먹는 것만 옆에서 멀뚱멀뚱 지켜보던 민경이, 고도를 낮춰 모레인 호수로 내려왔더니 언제 그랬냐는 듯 다시 말짱해졌다. 그제야 우리도 대단한 발견을 확신할 수 있었다. 캐나다 로키에서도 히말라야처럼 고소증세를 느낄 수 있다는 사실을 말이다. 일반적으로 히말라야에서는 해발 3,000m를 넘어서야 고소증세를 느낄 수 있다고 한다. 하지만 여기는 로키이고 그것도 개인차가 있지 않겠는가.

정반대의 경우로 호준이 얘기를 하고 싶다. 이 친구는 아무리 높은 외국 산에 갖다놓아도 고소증세가 뭔지 모른다. 히말라야 원정을 갔을 때 안나푸르나 북면 베이스캠프까지 올라갔는데, 5,000m에 가까운 고도를 마치 자기 집 안마당 다니듯이 마음대로 돌아다녔다. 호준이의 몸은 둔한 것일까, 튼튼한 것일

센티널 패스 정상에서 아침에 은광이가 싸준 도시락을 꺼내 맛있게 먹었다. 민경이에게는 그림의 떡이었을 터.

며칠 동안 흐렸다가 모처럼 갠 날씨 때문인지 이날따라 센티널 패스를 오르는 산행자들이 많았다. 오른쪽으로 멀리 보이는 호수까지 내려가서 다시 왼쪽으로 꺾어 하산했다.

까? 8년 동안 함께 일했던 대장 왈, 지금껏 아픈 걸 본 적이 거의 없다고 하니 튼튼하긴 정말 튼튼한가 보다.

비취색 모레인 호수에서
카누 타기

산에서 내려온 우리들은 모레인 호수에서 카누를 타기로 했다. 카누는 로키에서 호수가 있는 곳이라면 어디서든 즐길 수 있다. 하지만 굳이 모레인 호수에서 타기로 한 것은 호수를 둘러싸고 있는 열 개의 봉우리, 즉 텐픽스를 좀 더 즐기고 싶었기 때문이다.

민경이와 대장이 한 팀을 먹고 열심히 노를 젓고 있다. 빨간 카누를 타서 나름대로 부티나 보이는 커플이다. 그러나 가까이에서 보면…….

하늘과 호수의 빛이 그다지 다르지 않다. 흰 눈과 검은 바위가 절묘한 대비를 이루고, 그 사이로 비집고 들어오는 풍경이 한 폭의 그림 같다.

모레인 호수의 카누 대여
모레인 호수의 주차장에서 모레인 호수 로지 방향으로 100m 정도 걸어가면 있다.
🕐 매일 10:00~18:00 (로지가 문을 여는 여름철에만 가능하다.)
🚫 겨울에는 도로를 봉쇄해서 갈 수 없다.

푸른색과 회색이 뒤섞인 루이스 호수의 탁한 색깔에 비해서 모레인 호수는 비취색 일색이라 더 청순하고 맑은 느낌이 든다. 이런 비취색 호수에서 빨간색 카누를 탄다면 그 강렬한 색깔의 대비가 한결 돋보이리라. 그래서 약간 더 비쌀 것 같은 렌트 비용도 감수하기로 했다.

관리사무소 아가씨에게 빨간색 카누를 배정해달라고 특별히 청을 넣었다. 하지만 빨간색 카누가 몇 대 되지 않아 모두에게 빨간색을 줄 수는 없다고 한다. 대장과 민경이, 용권이와 명진이 용으로만 빨간색 두 대를 배정받았다. 꿩 대신 닭이라고 나머지는 노란색 카누에 만족하기로 했다.

다들 처음에는 의도한 방향으로 배를 젓지 못하고 헛돌다가 한두 번 시행착오를 겪더니 별 어려움 없이 호수를 누빈다. 역시 한국 사람의 순발력이나 적응력은 어디에 내놓아도 손색이 없다. 호수를 한 바퀴 돌고 나자 어느 정도 조작에 자신이 생

겼다. 내친 김에 호수 가운데 모여 조
별 레이스를 벌이기로 했다. 우리끼
리 장난 삼아 하는 경기였지만 역시
순위를 다투는 일이다 보니 양보가 없
다. 특히 보드 선수인 은광이와 기탁
형님이 유난히 승부에 집착하는 모습
을 보여주었다.

　모레인 호수는 생각보다 드넓다.
팔이 빠져라 노를 젓다 보니 나는 만사가 귀찮아진다. 이기면
어떻고 지면 어떤가. 내 앞에서 열심히 노를 젓던 맏형도 피로
한지 스트로크가 무척 약해져갔다.
　야영장으로 돌아가 밴프에서의 마지막 날을 알차게 보냈다.
대장과 맏형은 열심히 장작을 패고, 은광이는 요리를 하고, 명

진이와 민경이는 촬영 일지를 열심히 점검한다. 그리고 밤에는 하늘이 두 쪽 나도 낮에 그린 스케치를 꼭 정리하고 잠자리에 드는 대장의 모습……. 사뭇 참 대단한 분이라는 생각이 든다. 일하는 것을 생활 속에서 자연스럽게 소화하니 말이다. 나도 언젠가는 한 분야의 대가가 될 수 있을까? 앞으로 캐나다에서 무엇을 하며 살아야 할지 풀어야 할 숙제를 안고 있는 나는 혹시 대장의 모습을 통해 영감을 얻을 수 있지 않을까 해서 그를 유심히 관찰해본다.

루이스 호수에 자리 잡은 스위스 가이드 동상

샤토 레이크 루이스에서 호수 쪽으로 나가다 보면 '스위스 가이드(Swiss Guide)'란 명판이 붙은 조그마한 동상이 있다. 이 동상은 어떤 특정인을 기리는 것이 아니라 로키에서 활약했던 수많은 스위스 출신의 산악 가이드에 대한 고마움의 표시로 세워진 것이다. 사실 오래전 로키는 쉽게 접근할 수 있는 관광지가 아니었다. 지형이 너무 험한 데다가 광활한 대륙에서 이곳까지 찾아온다는 것이 쉽지 않았기 때문이다. 그래서 정부가 야심차게 시작한 것이 철도사업이었다. 먼저 유럽 정착민들이 들어온 동부 지역에서 시작하여 로키산맥을 넘어 태평양까지 연결하는 대 프로젝트였다. 그에 따라 철도가 부설되고 밴프와 루이스 호수에 세계적인 호텔도 지었다. 그러고는 1885년 관광객을 실은 첫 열차가 로키로 들어오게 된다. 캐나다 로키가 세계에 알려지기 시작한 배경이다.

당시 철도 회사 CPR의 사장 반 혼(Van Horne)은 캐나다 로키를 알리기 위한 홍보 슬로건으로 '50개의 스위스를 하나로!'란 표현을 썼다. 그는 여기서 더 나아가 산악 경험이 풍부한 스위스인 가이드를 수입하여 관광요원으로 활용하자는 아이디어를 냈다. 이로 인해 1899년 최초로 스위스인 가이드가 캐나다로 들어왔고 약 반세기에 걸쳐 로키 지역에서 엄청난 활약을 하게 된다. 100년의 역사를 지닌 캐나다 산악회의 창설도 스위스 가이드들의 영향이 컸다. 이들이 흘린 피와 땀을 생각해본다면 루이스 호수에 세워진 초라한 동상은 너무 작은 것이 아닌가 하는 생각이 든다.

로키 최대 규모의 여행사 브루스터

로키 지역에 발을 디디면 가장 흔하게 눈에 띄는 여행사 이름이 '브루스터'다. 100년이 넘은 이 회사의 초대 창업자는 불과 열 살, 열두 살의 어린 형제들이었다. 열차가 개통되고 관광객들이 로키로 몰려들자 가이드 부족 현상이 나타난다. 1892년 짐(Jim)과 빌(Bill)이란 브루스터 형제가 가이드를 자청하고 나선다. 어린이 가이드에 대한 소문을 듣고 몰려드는 손님들 덕분에 형제는 큰돈을 번다. 몇 년 후 형제는 장비점과 여행사를 차려 본격적으로 관광업에 뛰어들었다. 그것이 모태가 되어 밴프에 브루스터란 회사가 생긴 것이다. 현재 직원 450명을 거느린 로키 최대 규모의 여행사가 되었고, 밴프 곤돌라와 컬럼비아 아이스필드의 스노코치(설상차)도 운영하고 있다.

캐나다 도로 풍경

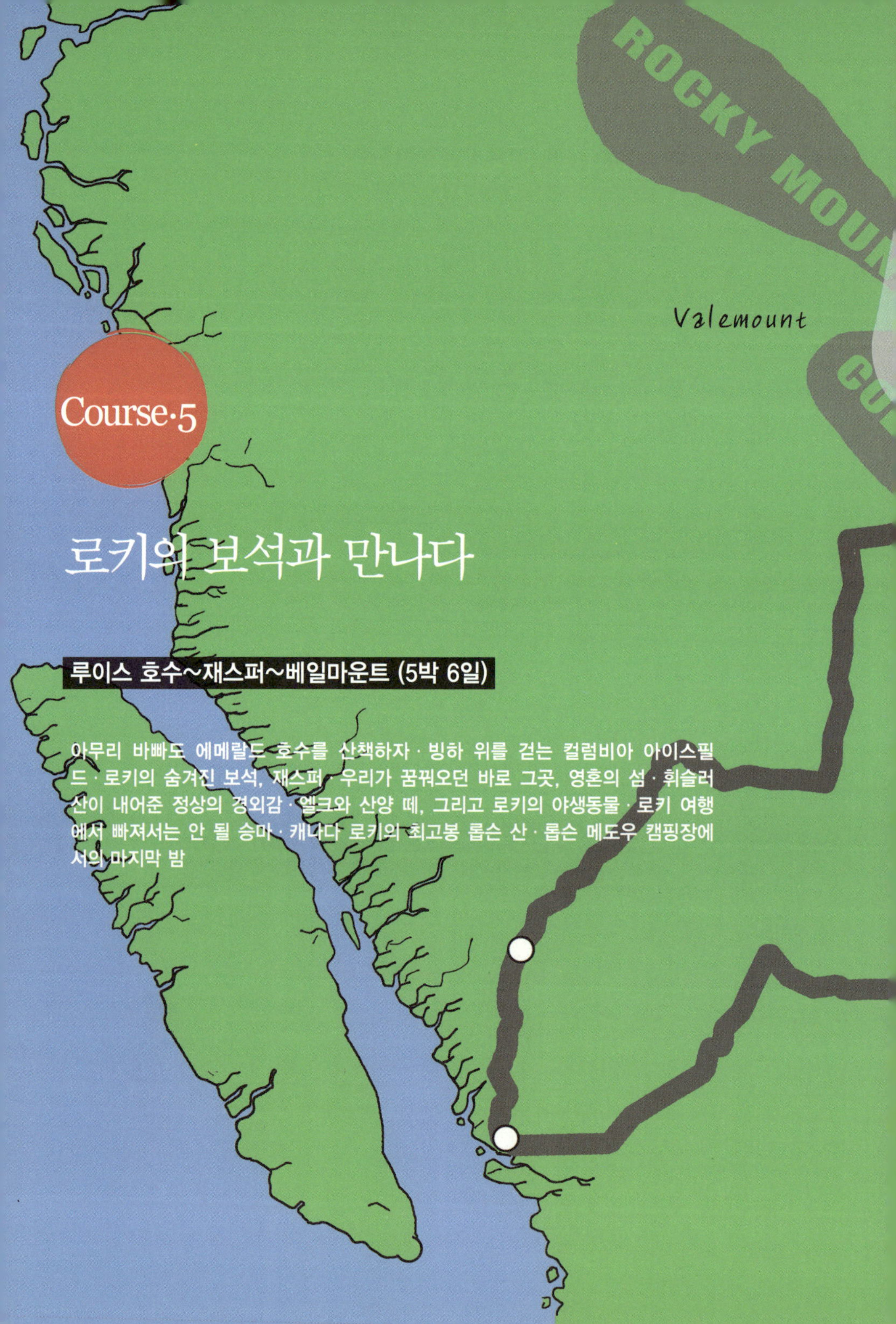

로키의 보석과 만나다

루이스 호수~재스퍼~베일마운트 (5박 6일)

아무리 바빠도 에메랄드 호수를 산책하자·빙하 위를 걷는 컬럼비아 아이스필드·로키의 숨겨진 보석, 재스퍼·우리가 꿈꿔오던 바로 그곳, 영혼의 섬·휘슬러 산이 내어준 정상의 경외감·엘크와 산양 떼, 그리고 로키의 야생동물·로키 여행에서 빠져서는 안 될 승마·캐나다 로키의 최고봉 롭슨 산·롭슨 메도우 캠핑장에서의 마지막 밤

Jasper
Lake Louise
COLUMBIA MOUNTAINS

아무리 바빠도
에메랄드 호수를 산책하자

오늘 하루는 일정이 상당히 빡빡하다. 루이스 호수를 출발해서 요호 국립공원에 있는 명소를 몇 군데 다녀온 후 아이스필드 파크웨이(Icefield Parkway)를 거쳐 재스퍼까지 이동해야 한다. 여러 군데를 부리나케 이동하며 잠깐씩 둘러보는 이런 여행을 우리는 '효도관광'이라고 부른다.

밀물처럼 우르르 몰려와서 사진을 찍고는 10분 내로 썰물처럼 빠져나가는 사람들에 대해 대장이 허허 웃으며 "효도관광이구먼." 하고 말한 데에서 유래한 것이다. 우리의 평소 여행 패턴과는 좀 다르다는 의미로 해석하면 된다.

그러니 오늘은 이를 테면 '관광의 날'이다. 차가 멈추면 얼른 내려 단체사진을 찍고, 그 지역에 대한 설명을 잠시 들은 후 잽싸게 차로 돌아가 출발해야 한다. 이런 여행에서는 신속해야 하며 단체의식이 무척 중요하다. 한 사람 때문에 기다리고 지체하게 되면 다른 일행에게 불만이 생기기 때문이다.

우리의 장점은 일단 결정한 일에 대해서는 잡음이 전혀 없다는 것이다. 어제까지만 해도 느릿느릿 우보산행을 하던 일행들

아이스필드 파크웨이
재스퍼 국립공원과 밴프 국립공원의 중심을 관통하는 길.
재스퍼와 루이스 호수를 연결하는 93번 하이웨이의 별칭이다. 총길이 230km의 도로에는 웅장하게 흘러내리는 폭포나 푸른 물이 넘치는 호수 등 볼 만한 곳이 많지만 역시 압권은 계곡 양쪽에 도열한 산봉우리들이다.

이 오늘 효도관광에서 일사분란하게 움직여주고 있었다. 여기에는 허 대장의 은근한 리더십과 기탁 형님의 따뜻한 카리스마가 있기 때문일 것이다.

1번 하이웨이를 타고 대륙분기점을 넘어서자, 길가에 서 있는 차량이 몇 대 나타난다. 이건 무언가 볼거리가 나타났다는 의미가 아니던가. 고개를 두리번거리던 용권이가 갑자기 "곰이다!"라고 외치는 소리에 급히 브레이크를 잡았다.

곰 한 마리가 멀리 철로변에 나타나 어슬렁거리고 있었다. 덩치가 엄청난 것으로 보아 다 큰 수컷 흑곰 같았지만 멀리 있어서 확인할 방법은 없었다. 그토록 보고 싶었던 곰이었는데 이렇게 어설프게 해후하다니.

곰탕, 아니 곰에 굶주린 일행들을 위해 특별 서비스를 하나 준비했다. "은광아, 이리 와서 곰 표정 한번 지어봐라." 은광이가 즉석에서 "크아앙!" 하며 곰 표정을 짓는다. 역시 은광이가 훨씬 나았다. 코끝을 찡그리고 입을 딱 벌린 모습이 영락없는 곰이 아닌가. 다들 진짜 곰을 발견했을 때보다도 더 흥분했다.

요호 국립공원의 대표적 관광지인 에메랄드 호수에 도착했다. 호수가 많은 나라이니 어디 가나 명소는 대부분 호수다.

"여기가 에메랄드 호수입니다. 시간을 30분 드릴 테니 사진 찍고 좀 걸으시지요."

차에서 모두 내려 다리에서, 매점에서 시간을 보낼 무렵, 맏형이 슬쩍 한마디 한다.

"이렇게 좋은 곳을 그냥 가면 되겠냐? 아무리 바빠도 호숫가를 따라 좀 걸으면 안 될까?"

너무 멀리 있는 곰 때문에 실망한 일행들을 위해 은광이가 그리즐리 곰을 대신해주었다. 정말 실감나는 표정이다.

요호 국립공원 정보 사이트
❶ http://www.pc.gc.ca/eng/pn-np/bc/yoho

요호 국립공원 관광안내소
Yoho Visitor Centre
☎ 250-343-6783
◷ 매일 08:30~19:00 (여름철 성수기인 6월 중순~9월 초순) / 여름철 성수기를 제외한 기간은 단축 운영된다.
휴무 : 10월 중순부터 4월 말까지 폐쇄

아무 데나 서면 그림 같은 풍경, 아무 데나 앉아 먹으면 훌륭한 레스토랑.

"아~ 예~."

단숨에 꼬리를 내렸다. 아무리 일정이 바빠도 그 정도 융통성
이 없어서야 되겠는가. 호숫가를 걸으며 잠시나마 분위기에 젖
어보고 싶다는 그 소박한 욕심이야 나도 솔직히 가지고 있었는
데 말이다. 그 덕분에 호숫가 오솔길을 따라 소풍 나온 참새들
처럼 재잘거리며 즐겁게 시간을 보냈다.

어쨌든 동분서주하며 바삐 움직였던 하루였다. 이리저리 대
원들을 재촉한 것이 미안해 대장에게 슬그머니 물어보았다.

"오늘 여행 어떠셨어요?"

"음, 좋았지. 앞으로 아이들이 효도관광 보내주면 어떻게 여
행할지 오늘 확실히 깨달았지. 애썼다."

에메랄드 호수로 가는 길에 만나는 자연
의 다리. 격류로 유명한 킥킹호스(Kick-
ing Horse) 강에 의한 침식으로 만들어
진 자연의 작품이다.

아름다운 풍경을 남겨놓고 서둘러 돌아서는 것이 어찌 쉬운 일일까. 그래도 일정을 고려해 선뜻 협조해준 대장과 맏형이 고마울 뿐이다. 아, 물론 아무 소리 않고 따라준 아우들도 고맙다.

호수 색깔이 아름답기로 소문난 에메랄드 호수

빙하 위를 걷는
컬럼비아 아이스필드

요호 국립공원을 빠져나와 재스퍼 국립공원으로 가는 길에 선 웝터(Sunwapter) 고개가 있다. 그 고개를 넘는 순간 눈앞에 엄청난 규모의 대빙하를 만나게 된다. 바로 그곳이 컬럼비아 아이스필드(Columbia Icefield)다.

총 면적 325km², 얼음 두께 300m, 서로는 태평양, 동으로는 대서양, 북으로는 북극해까지 녹아내린 빙하수를 흘려보내는 곳이다. 북반구에서 북극 다음으로 규모가 큰 빙원으로 전체 면적이 독도의 17배에 이른다.

매표소 건물이 있는 지점부터 빙하 끝자락까지 이어진 길가 곳곳에 연도를 표시한 팻말이 꽂혀 있다. 어느 곳은 1850년, 어느 곳은 1860년이다. 주차장 안에도 잘 찾아보면 1844년이라는 팻말이 꽂혀 있고 그 아래 "The Glacier was here in 1844."라고 적혀 있다. 1844년에는 여기까지 빙하가 덮여 있었다는 뜻이다. 지구온난화로 빙하의 면적이 점점 줄고 있어서 1844년부터 지금까지 약 160년의 세월 동안 2km의 빙하가 녹아버린 것이다. 컬럼비아 아이스필드는 지금도 계속 녹아내리고 있어서

1884년에는 매표소가 있었던 이곳까지 빙하 지역이었다. 지구온난화로 인해 빙하가 녹는 속도가 점점 빨라져 앞으로 500년 후에는 이곳이 모두 호수가 될 것이라고 한다.

밴프의 브루스터 여행사에서 운행하는 스노코치. 덕분에 빙하에 익숙하지 않은 일반인들도 스노코치를 타고 애서배스카 빙하 중턱까지 올라갈 수 있다.

컬럼비아 아이스필드 관광 투어
밴프와 루이스 호수에서 출발하며 약 9시
간 소요된다.
🌐 explorerockies.com/Columbia-
icefield
📞 403-762-6700
🕐 5/1~10/15일까지 브루스터사에서 운영

브루스터의 설상차 투어
컬럼비아 아이스필드 관광 투어와 운영
기간이 같으며 약 1시간 30분 소요된다.

과학자들에 따르면 약 500년 후에는 모두 호수로 바뀔 것이라
고 한다.

일반인들이 접근하기 어려운 빙하를 대중적인 관광지로 바
꾸어놓은 캐나다의 노력이 대단했다. 주차장에서부터 버스를
타고 출발해 빙하의 중간 지점까지 간 뒤, 다시 스노코치(Sno-
coach)라는 설상차를 타고 빙하 위로 올라가도록 되어 있다. 차
에서 내려 직접 빙하를 만지고 걸어볼 수도 있다. 물론 광대한
컬럼비아 아이스필드 중에 설상차를 타고 오를 수 있는 곳은 애
서배스카 빙하(Athabasca Glacier) 하나뿐이다. 그것도 겨우 빙하
중턱까지만 올라간다. 정말 빙산의 일각만 보여주는 셈이지만
그래도 일반인들에게는 귀중한 체험이다.

우리 일행 대부분은 히말라야 원정 경험을 가지고 있고, 그
중에는 빙하를 건너기 위해 목숨을 걸었던 사람도 있다. 명진
이와 민경이 외에는 빙하가 그리 신기할 것도 없다. 두 아가씨
들이 빙하 위에서 포즈를 잡으며 열심히 셔터를 누르고 나머
지 사람들은 빙하가 녹은 물을 마시며 어슬렁어슬렁 돌아다니

기 시작했다.

　그런데 허 대장은 설상차 안에서 내리지 않고 물끄러미 밖을 내다보고만 있다. 빙하라면 바로 얼마 전 에베레스트에서 질리도록 보았으니 더 볼 생각이 없는 모양이다. 설상차 운전사가 다가가 왜 내리지 않느냐고 물으니 은광이를 시켜 "나는 빙하에 질렸습니다."라고 대답을 한다. 에베레스트에서 겪었던 온갖 고생이 떠올랐던 모양이다.

모두들 설상차에서 내리는데 허 대장은 얼굴만 내밀고 내리려 하지 않는다.
얼마 전 에베레스트를 다녀왔던 대장은 빙하 생각만 하면 그곳에서 고생했던 기억이 떠오르는가 보다.

로키의 숨겨진 보석,
재스퍼

재스퍼 국립공원 관광안내소
Jasper National Park Information Centre

✉ 500 Commaught Dr.
🏠 www.pc.gc.ca/eng/pn-np/ab/jasper/index.aspx
☎ 780-852-6176
🕐 매일 08:30~19:00 (여름철 성수기인 6/14~9/15) / 여름철 성수기를 제외한 기간은 단축 운영된다.
휴무 : 연중 무휴

카벨 메도우즈 Cavell Meadows
보행거리 : 총 8km
소요시간 : 2~3시간
표고차 : 530m
코스 : 주차장 → 빙하 호수와의 분기점 → 뷰포인트 → 케언 → 뷰포인트 → 빙하 호수 → 주차장

밴프에서 재스퍼로 이어지는 길은 세상에서 가장 아름다운 길 중의 하나일 것이다. 나무를 사랑하는 우리에게는 웅대한 숲속을 230km나 달려 온몸에 녹색물이 든 것 같다. 시즌 끝임에도 불구하고 관광객을 실은 차들이 간간이 보인다. 역시 세계 각국에서 끊임없이 오는 모양이다.

내일은 아침 일찍부터 '배 타고 투어'도 있을 예정이고 곤돌라를 타고 휘슬러(Whistler) 산에도 오를 것이다. 시간이 된다면 온천욕도 할 것이다.

오늘은 에디트 카벨(Edith Cavell) 산 근처에서 가벼운 탐험만 했다. 산꼭대기에서 시작된 만년설이 산자락을 타고 내려오는 동안 빙하가 되고 우리 발밑까지 와서는 조각조각이 났다. 카벨 호수에는 이런 과정이 그대로 다 보인다. 그래서 얼음조각들이 호숫가와 물 위에 떠 있다.

풍경이 마음에 드는지 명진이가 민경이를 세워놓고 여러 각도로 사진을 찍는다. 오늘 따라 사진발이 잘 받는 걸까? 재킷을 입혔다가 벗겼다가 신나게 찍어댄다. 민경에게 반팔을 입히고

바위 만한 얼음덩어리 하나를 들게 하고는 웃으라고 한다. 춥고
손이 시릴 게 분명한데 가증스럽게 웃는 민경이……. 역시 모델
은 아무나 하는 것이 아니다.

오늘 밤은 호텔에 투숙하기 때문에 며칠 만에 편안한 잠자리
가 기다리고 있다. 다들 빨래가 밀렸으리라. 기탁 형님도 빨래
가 많이 밀렸다며 함께 빨래방을 찾아보자고 한다.

아담하고 소박한 재스퍼 시내 풍경. 화
려함은 없지만 구석구석 편안함과 은
은한 자연향이 묻어나 왠지 정이 가는
곳이다.

우리가 꿈꿔오던 바로 그곳,
영혼의 섬

'일상에서 받는 스트레스와 압박감에서 벗어나 제대로 된 휴식을 취하고 싶다면 영혼의 섬으로 떠나라.' 로날트 슈베페(Ronald Schweppe)가 쓴 책《영혼의 섬으로 떠나는 휴가》에서 주장하는 말이다. 그럼 영혼의 섬은 어디에 있는 것일까? 그것은 아무도 모른다. 이 책에서도 굳이 어디라 지칭하지는 않았기 때문이다. 하지만 나는 영혼의 섬이 어디에 있는지 알고 있다. 슈베페가 말한 바로 그 섬인지는 알 수 없지만, 그래도 그가 이야기한 섬에 가장 비슷하지 않을까 싶다. 더구나 우연의 일치인지 몰라도 이곳도 '영혼의 섬'이란 지명을 갖고 있다. 바로 멀린(Maligne) 호수 안에 있는 스피릿 아일랜드(Spirit Island)다.

멀린 레이크 크루즈를 타고 '영혼의 섬'으로 간다.

가깝다고 생각한 탓인지 호텔에서 주는 아침을 먹었는데도 준비가 늦고 말았다. 한 시간에 한 번 있는 보트 시간에 맞추느라 엄청난 속력으로 달려왔다. 멀린 호수의 선착장에 도착해서야 겨우 한숨을 돌렸다.

'영혼의 섬'은 선착장에서 배를 타고 30분쯤 들어가야 하는데 과연 섬이라고 불러도 좋을지 의심이 간다. 섬이라 하면 사방이 물로 둘러싸여 있어야 하는데 한쪽 허리를 육지에 덧대고 있기 때문이다.

배를 타기 전부터 날씨가 오락가락한다. 큼지막한 구름들이 몰려왔다 흩어지기를 반복하고 있었다. 갑자기 환해지기 시작하더니 호수 양쪽으로는 거대한 바위산들이 이어지고, 좁아졌다 넓어지는 물길에는 예쁜 무지개가 떴다. 우리나라에선 높은 하늘에 뜨던 무지개가 여기서는 작고 예쁘게 뱃길을 치장한다.

섬의 풍경이 무척 낯익다. 로키를 소개하는 사진집이나 달력에 빠지지 않고 소개되는 풍경이기 때문이다. 1953년인가, 한 사진작가가 이 섬을 찍어 공모전에 출품해서 대상을 받은 다음부터 이 섬은 캐나다 로키를 대표하는 풍경으로 자리매김했다.

우리에겐 뱃길 외에는 달리 접근할 방법이 없다는 것이 그리

멀린 호수 보트 크루즈
멀린 호수를 돌아보는 관광 크루즈로 최종 목적지인 스피릿 아일랜드에 상륙하여 산책을 즐길 수 있다.
ⓘ www.malignelake.com/act_cruise.html
☎ 780-852-3370
⊙ 매일 10:00~17:00 (1시간 간격, 여름철 성수기인 7~8월) / 그 외 기간은 출항편수를 줄여 운행한다.
휴무 : 10월~해빙기
🚢 유람선 탈 때는 앞자리에 앉지 마라. 보이는 건 배의 앞부분뿐이다.

반가울 수가 없었다. 정적을 깨는 것은 오로지 하루에 몇 번 왕복하는 배뿐이다. 관광객들도 잠시 발을 디뎠다가는 바로 떠나버린다. 그러고 나면 다시 정적이 찾아오고. 여건만 허락한다면 카누나 보트를 빌려 이곳으로 들어와 야영을 하면서 며칠 묵고 싶다. 우리가 막연히 꿈꿔오던 곳이 이런 곳이 아니던가. 그렇다면 이곳이 슈베페가 이야기한 '영혼의 섬'이 정말 맞는 것은 아닐까?

모처럼 날씨가 맑은 데다 작고 예쁜 무지개가 뱃길을 열어주었다.

'영혼의 섬'에서 바라본 풍경. 하늘과 산과 호수가 하나로 섞인 듯한 신비스러운 모습은 여기가 북유럽 신화의 무대가 아닐까 하는 착각이 들게 한다.

휘슬러 산이 내어준
정상의 경외감

내가 아는 한 캐나다에는 휘슬러란 이름의 산이 두 군데 있다.
하나는 지금 우리가 오르려고 하는 재스퍼 남서쪽에 위치한 휘
슬러 산이고, 다른 하나는 며칠 후 오르게 될 밴쿠버 인근에 있
는 스키 리조트 산이다. 둘 다 산속에 많이 서식하는 다람쥐의
일종인 마멋(Marmot)이 짝을 찾아 휙휙 불어대는 휘파람 소리
에서 이름을 얻게 되었다.

휘슬러 산 정상에서 본 풍경. 에서배스카
강을 따라 산자락이 길게 이어져 있다.

우리말로는 그 둘을 모두 휘슬러 산이라 지칭하지만 영어식 표기법은 서로 다르다. 재스퍼의 휘슬러는 'The Whistlers'라고 적고, 밴쿠버의 휘슬러는 'Whistler Mountain'이라 표기한다. 정관사 'The'를 붙인다는 것은 그만큼 유일하고 위대한 존재라는 뜻이리라.

휘슬러 산(2,464m) 정상까지는 케이블카를 타고 올라가기로 했다. 이 케이블카는 엄밀히 말하면 정상 200m 전까지만 운행한다. 아마도 휘슬러를 제대로 감상하고 싶다면 적어도 이 정도는 걸어서 올라가라는 뜻이리라.

정상에 오르자 눈이 시원해진다. 가슴도 탁 트인다. 아주 멀리 서쪽으로 캐나다 로키의 최고봉인 롭슨 산(Robson, 3,954m)이 모습을 드러낸다. 며칠 후 로키의 마지막 산행으로 우리가 올라갈 산이기도 하다. 여간해서는 정상을 보여주지 않는 산이라는데 오늘은 뚜렷하게 보인다. 우린 무척 운이 좋은 편이다.

정상까지 200m를 걷는 길이 산을 오르는 데 익숙하지 않은 사람에겐 꽤 힘든 모양이다. 30분 정도 고생을 해야 하는데 도중에 되돌아가는 경우가 많다. 특히 한국인 관광객들이 "뭐, 별로 볼 것도 없네."라는 말과 함께 발길을 돌리는 것을 많이 보았다. 하지만 일본인들은 그렇지 않다. 이들은 여행 안내서에 끝까지 올라가라고 적혀 있으면 아무리 힘들어도 끝까지 오르고야 만다. 오늘도 일본 할머니 5명이 미끄러운 눈길에도 불구하고 우리를 따라 정상까지 올랐다. 차림새나 장비를 보아선 산꾼은 아닌 듯한데 포기하지 않고 오르는 것을 보면서 존경심마저 들었다. 로키를 여행하다 보면 가족 여행에 가이드를 동반해 산을 오르는 일본인들을 자주 보게 된다. 우리보다 자연을 즐기는 데 한 수 앞서는 것은 부인할 수 없다.

정상에서 이리저리 배회하며 한참을 보낸 뒤에야 하산에 나섰다. 매번 정상에 오르지만 그때마다 새로움과 경외감은 늘 온몸을 채워준다. 뭔가 소중한 것을 놓고 오는 것 같은 아쉬움에 발길이 쉬이 떨어지지 않았다.

엘크와 산양 떼 그리고 로키의 야생동물

잘 알려졌다시피 캐나다 로키는 야생동물의 천국이다. 세계에서 두 번째로 넓은 땅에 인구는 적으니, 자연히 생태계가 잘 보존되어 다양한 야생동물들이 서식하고 있는 것이다. 하지만 그동안 운이 따르지 않았는지 우리가 본 것은 캠핑장으로 내려온 사슴 몇 마리와 요호 국립공원으로 가면서 멀리서 본 흑곰 한 마리가 전부였다.

그런데 드디어 그들이 우리를 찾아왔다. 미에트 온천(Miette Hot Springs)을 가려고 재스퍼를 벗어나자마자 덩치가 엄청난 엘크 몇 마리가 풀을 뜯으러 나온 것이다. 길가에 차를 세우고 카메라를 꺼내서는 엘크의 뒤를 쫓았다. 엘크 무리는 카메라를 가지고 접근하는 우리는 아랑곳없이 풀만 뜯고 있다.

신기하게도 이곳 야생동물들은 사람을 그렇게 무서워하지 않는다. 그렇지만 간혹 사람들이 접근하면 스스로를 보호하기 위해 갑작스럽게 사람을 공격할 수도 있다. 너무 가까이 접근했다가 엘크의 뿔에 받혀 심한 부상을 입는 사건도 종종 있다. 1.5m의 키에 몸무게가 200kg 나가는 엘크가 뿔을 사용해 사람

캐나다 로키는 야생동물의 천국이다. 이
야생동물들은 관광객을 끌어들이는 데
중요한 역할을 한다.

가슴을 들이받으면 가슴에 구멍이 날 수도 있다고 한다. 생각만 해도 아찔하다. 야생동물과 일정 거리를 유지해야 하는 이유가 바로 여기에 있다.

엘크를 만난 흥분이 채 가시지도 않았는데, 이번에는 벼랑을 내려온 수십 마리 산양 떼가 아예 도로를 점거하고 시위를 한다. 산양들로 인해 차량 통행이 완전히 막혀버린 것이다. 이럴 때 캐나다에서는 동물들이 스스로 길을 비켜줄 때까지 무던하게 기다려야 한다. 이곳 사람들은 경적을 울리거나 동물들을 재촉하지 않고 즐거운 마음으로 기다릴 줄 안다. 어떤 때는 내심 그런 상황을 즐긴다고나 할까.

우리도 이들의 여유를 좀 배웠으면 좋겠다. 온천으로 가는 길에 야생동물을 이 정도 보았으면 행운이라 할 만하건만, 차창을 통해 또 다른 동물을 열심히 찾고 있는 자신을 발견한다. 아직까지 얼굴 한 번 비치지 않은 그리즐리나 말코손바닥사슴인

도로에 차가 몇 대 서 있으면
야생동물이 나타난 것이다.

무스(Moose), 야생 양의 일종인 빅혼(Bighorn) 등을 일행에게 보여주었으면 하는 욕심이 생긴 것이다. 이 끝도 없는 욕심을 어찌하면 좋을꼬?

허 대장은 미에트 온천에 가지 않았다. 그동안 밀려 있던 숙제를 해야 하기 때문이었다. 때 빼고 광내고 와서 우리가 본 산양 이야기를 했더니 허 대장이 무척 아쉬워했다.

미에트 온천
ⓘ www.hotsprings.ca
☎ 780-866-3939
◷ 매일 10:30~21:00 (5월 초순~6월 중순) / 매일 08:30~22:30 (6월 중순~9월 초순) / 매일 10:30~21:00 (9월 초순~10월 중순)
휴무 : 10월 중순~5월 초순

로키 여행에서
빠져서는 안 될 승마

영화 속의 주인공이 되는 모습을 상상하며
목장을 찾았다.

재스퍼에서 마지막 하루를 보내는 날이다. 원래는 오늘 롭슨 주립공원으로 출발하여 버그 호수 트레일을 산행할 계획이었는데, 다들 소박하고 정겨운 마을 재스퍼를 떠나고 싶지 않은 듯했다. 결국 일정을 바꾸어 하루 더 머물기로 했다.

신이 난 대장이 제안한 것은 승마. 재스퍼를 떠나면 로키여행이 거의 끝나는 것이나 마찬가지인데 그 전에 여기서 꼭 승마를 해보자는 것이었다. 사실 승마야 꼭 로키가 아니어도 캐나다 어디서든 가능하다. 하지만 로키가 아니라면 그 의미가 줄어드는 것이 아니겠는가. 관광안내소에서 소개받은 목장 세 개 중에 가장 마음에 드는 목장 하나를 찾아갔다. 피라미드(Pyramid) 산으로 오르는 한적한 길을 따라 10여 분 운전했을까. 영화에서 보았던 전형적인 목장이 하나 나타났다. 규모는 작았지만 처음 말을 타는 우리들에겐 그렇게 멋져 보일 수가 없었다. 주차를 하자 목장에서 일하는 사람들이 우리를 쳐다본다. 그중 한 사람에게 말을 타러 왔다고 하니까 사무실로 안내해주었다.

말을 타려면 무슨 각서 같은 것을 써야 한단다. 승마 중에 사고가 나도 책임을 묻지 않겠다는 면책각서 같은 것이다. 카우보이 모자가 그런대로 어울리는 리사(Lisa)라는 아가씨가 우리의 가이드였다. 리사는 스스로를 카우걸이라 소개하며 우리에게 초보자가 지켜야 할 것들과 말 다루는 법을 일러주었다. 리사는 눈짐작으로 우리들 각각의 몸무게를 가늠하더니 말 한 필씩을 내주었다. 다들 리사의 뒤를 따라 줄줄이 산으로 들어섰다. 어렸을 때 아버지에게 승마를 배웠다는 은광이가 가장 폼이 좋다. 여성 대원들은 말에 타는 것을 두려워할 만도 한데 눈 하나 꿈쩍하지 않고 말안장에 오른다. 확실히 여자들은 용감하다.

처음에는 피라미드 산 아래 자리 잡은 패트리샤(Patricia) 호수를 오른쪽에 두고 걷다가 점점 경사가 있는 산길을 치고 올라간다. 가을 정취를 물씬 풍기는 산길이 두 발로 걸을 때와는 색다른 분위기를 자아냈다. 이것이 바로 말을 타는 맛인가 보다.

말들이 모두 훈련이 잘되어 있어 처음 타는 우리에게도 큰 어려움이 없었다. 앞에서 걷는 말을 따라 적당히 간격도 맞출 줄 아는 것 같았다. 내가 탄 '마우스(Mouse)'란 이름의 하얀 말은 덩치만 커다랗지 눈매는 무척 온순해 보였다. 자꾸 걸음을 멈추고 풀을 뜯으려고 해서 애를 먹었다. 말이 풀을 뜯으려 하면 가차없이 고삐를 잡아채라고 주의를 받았기 때문이다. 그러나 배가 고픈지 자꾸 풀을 찾는 녀석에게 어찌 그리 매정하게 할 수가 있단 말인가. 더구나 우리 일행 중에서는 내가 가장 무겁지 않은가. 남들이 보지 않는 틈을 타서 몇 차례 풀을 뜯게 해주는 것이 내가 녀석에게 해줄 수 있는 전부였다.

광활한 초원을 힘차게 달리는 그런 영화 같은 모습은 아니

승마
재스퍼 라이딩 스테이블스 & 아웃피터스
Jasper Riding Stables & Outfitters
ⓘ www.jasperstables.com
📞 780-852-7433
🕙 매일 09:00~16:00 (5월 초순~10월중순)

었지만 다들 즐거워한다. 꺼덕꺼덕 흔들리는 와중에도 호준이
는 열심히 카메라 셔터를 누르고 있다. 명진이가 탄 말은 도저
히 참을 수가 없었는지 한 드럼이나 되는 소변을 힘차게 내뿜었
다. 덤으로 일행에게 잠시 휴식시간까지 주었다. 명진이와 민
경이는 아무 데서나 '쉬'를 하는 말과 남자 들이 부럽다고 한다.
　금방 두 시간이 지나버렸다. 목장으로 돌아와 말에서 내리는
순간 대원들, 특히 남자 대원들은 걸음걸이가 가관이었다. 마
치 포경수술을 받은 중학생처럼 인상을 쓰며 어기적거렸다. 하
루 종일 탔으면 '똥꼬'에 불이 났을 것.

캐나다 로키의
최고봉 롭슨산

다시 고속도로를 한없이 달린다. 앞을 보아도 뒤를 보아도 사방이 산이다. 아직 로키를 벗어나지 않았음을 뜻한다.

로키의 산들은 대개 높이가 2,500~3,500m 정도로 산꾼들이 오르기에 적당하다. 대부분의 산이 산 중턱 정도부터 등반을 하기 때문에 실제로 올라가는 높이는 1,500~2,000m 안팎으로 한 나절이면 소화할 수 있다. 히말라야의 고도가 7,000~8,000m에 이르는 것을 감안해볼 때 아주 산뜻한 높이다.

하지만 얕잡아보아서는 안 된다. 로키의 장점은 높지 않으면서도 갖출 것은 다 갖춘 산이기 때문이다. 바위산, 만년설, 빙하, 야생동물, 호수 등 산에서 기대할 수 있는 모든 것을 로키에서 만날 수 있다.

그렇다면 캐나다 로키 중에 가장 높은 산은 무엇이고 그 높이는 얼마나 될까? 정답은 롭슨 산으로 3,954m이다. 사실 미국 로키까지 합친다면 최고봉은 콜로라도의 앨버트 산(Elbert, 4,401m)이다. 또 1925년 캐나다 태평양 연안 지역에서 워딩턴 산(Waddington, 4,016m)이 발견되어 사실상의 브리티시컬럼비

마운트 롭슨 주립공원
Mt. Robson Provincial Park
ⓘ www.env.gov.bc.ca/bcparks/explore/parkpgs/mt_robson

공원 내 캠프 요금
여름 C$16~21

마운트 롭슨 주립공원 관광안내소
ⓘ www.env.gov.bc.ca/bcparks/explore/parkpgs/mt_robson
☎ 250-566-4325
⏰ 매일 08:00~17:00 (5월 초순~6월 중순, 9월 초순~9월 하순) / 매일 08:00~19:00 (6월 중순~9월 초순)
휴무 : 10월 중순~5월 초순

아 주 최고봉 자리를 빼앗겼지만 3,000m에 가까운 수직고도는 등산가의 투지를 불태우며 여전히 위엄을 내뿜고 있다. 그래도 롭슨 산은 캐나다 로키 최고봉의 지위를 여전히 누리고 있다.

롭슨 주립공원 안의 캠핑장에 짐을 내리고 서둘러 산행 준비를 했다. 이 지역에 살던 원주민들은 롭슨을 '나선형 도로의 산'이라 불렀다고 한다. 산정 바위들에 나선형으로 그려진 선 때문이다.

산행 기점에서 롭슨 강을 건너 오솔길을 따라 오르면 본격적인 산행이 시작된다. 요란스럽게 흘러내리는 강물을 벗 삼아 키니(Kinney) 호수까지는 비교적 완만하게 오른다. 길이 넓고 편한 만큼 2~3명씩 짝을 이뤄 이런저런 이야기꽃을 피운다. 궂은 날씨에도 사진 촬영에 바쁜 용권이와 호준이, 명진이는 민경이의 앞뒤를 뛰어다니면서 열심히 셔터를 누른다. 우리보다 최소한 20~30퍼센트는 더 걷는 셈이다.

키니 호수는 원래 물이 흐르던 계곡이었는데 롭슨 남서쪽 사면에서 돌들이 굴러떨어져 물길을 막으면서 호수로 변했다고 한다. 날씨가 좋으면 호수에 비친 하얀 봉우리들이 무척이나 아름답다는데 볼 수가 없다니 안타깝다.

키니 호수 상류 지역에 오르자 넓은 백사장이 나타난다. 어찌 보면 히말라야 안나푸르나 일주 코스에 있는 좀솜(Jomsom)의 분위기와 많이 닮았다. 내가 그 생각을 말하니 은광이와 용권이 그리고 대장이 모두 수긍한다.

우리가 걷고 있는 이 트레일은 로키에서도 경치가 아름답기로 소문났다. 키니 호수를 지나 양쪽으로 가느다란 실폭포들

이 즐비한 계곡은 '천 개 폭포 계곡(Valley of a Thousand Falls)'
이란 이름을 가지고 있다. 그만큼 폭포가 많다는 의미다. 약간
의 오르내림 끝에 화이트혼 캠핑장을 지나 화이트(White) 폭포
에 닿는다.

하지만 끝끝내 롭슨의 진면목은 볼 수가 없었다. 쉽게 정상
을 보여주지 않는다는 롭슨의 자존심이 발동한 모양이다. 원래
부터 롭슨 지역은 일기 변화가 심하고 워낙 산세가 높아 정상
을 온전히 볼 수 있는 날이 1년에 며칠 되지 않는다고 한다. 우
리가 불운했던 것이 아니라 행운이 따르지 않았을 뿐이라고 생
각을 고쳐먹었다.

롭슨 산을 내려가고 나면 이제 로키는 안녕이다. 내일은 다시
밴쿠버를 향해 먼 길을 떠나야 한다. 새삼, 과연 내가 이 사람들
을 이 먼 곳까지 부른 것이 잘한 일이었는지 걱정이 된다. 나는
정말 즐거운 시간을 보냈는데 과연 이들도 나만큼 즐거웠을까?
이들이 기대한 만큼의 로키를 보여주었을까? 우습게도 여행이

"소 한 마리가 생기면 박정희 대통령은 국민에
게 준다. 전두환 대통령은 당장 잡아 나눠 먹는다.
노태우 대통령은 집에 가둬둔다. 김영삼 대통령은
현철이에게 주고 김대중 대통령은 김정일에게 주
고 노무현 대통령은 이러지도 저러지도 못하고 끌
고 다닌다."
빡빡한 여행 일정 중 유머는 피로회복제~!

라는 것이 결국 스스로 발견하고 스스로 즐기는 것인 줄 알면서
도, 이 여행이 나로 인해 시작되었다는 이유로 괜한 책임감을
느껴온 것이 사실이었다. 대원들이 좋아하면 내심 안심하고, 혹
시라도 힘들거나 지루한 표정을 지으면 남몰래 불안에 떨었다.

화이트 폭포에서 떨어지는 물줄기를 바라보며, 이제는 이 괜
한 마담의식을 버려야 할 때가 되었음을 알았다. 이 여행의 주
인은 내가 아니다. 허패의 멤버 각자가 모두 주인공이다. 모두
스스로 이 여행을 선택하여 자신이 원했던 것을 찾아갈 것이다.
아니, 벌써 찾았을지도 모른다. 가슴이 뭉클해지며 갑자기 내
가 지금 이 순간 이토록 좋은 사람들과 이런 아름다운 곳에 서
있다는 사실이 너무나 행복했다.

롭슨 산을 떠나는 날에야 롭슨 정상 부
근에 구름이 말끔히 개었다. 멀리서나마
정상을 볼 수 있어서 다행이다.

롭슨 메도우 캠핑장에서의
마지막 밤

산을 내려온 우리는 롭슨 공원 안내소 건너편에 있는 롭슨 메도우(Robson Meadows) 캠핑장에 자리를 잡았다. 여름 휴가철이 끝나면서 캠핑장도 비수기로 들어섰는지 캠프사이트 가운데 절반은 폐쇄했다. 입구에서 돈을 받던 직원마저도 철수한 모양이다. 우리 편한 대로 사이트를 정하고 텐트를 쳤다. 아마 저녁 무렵에 관리인이 와서 캠프 비용을 거둬갈 것이다.

그런데 문제는 어디서 캠프파이어 허가를 받을지, 또 장작은 어디서 구할지 물어볼 사람이 없다는 것이었다. 차를 가지고 캠핑장을 한 바퀴 둘러보았지만 장작이라곤 눈에 띄지 않는다. 날씨가 쌀쌀해진 탓인지 대장과 맏형이 우모복을 챙겨 입고 직접 장작을 구하러 나가신다. 숲에서 고목 몇 개 가져와 봐야 밤새 때기엔 턱없이 부족할 텐데 이를 어쩐다?

부득불 장작을 사러 가까운 마을까지 나가는 수밖에 없었다. 야영을 하면서 모닥불이 없으면 무슨 재미가 있겠는가. 더구나 오늘은 로키의 마지막 날이자 캐나다 여행의 마지막 야영이 아닌가. 대장과 맏형이 숲 속에서 구해온 나무로 잠시만 버텨주기

캐나다식 장작 패기 vs 한국식 장작 패기

를 바라며 나는 베일마운트(Valemount)로 향했다. 가장 가까운 마을이라지만 편도 거리가 30km를 넘는다. 나 혼자 가는 것이 안쓰러웠는지 호준이가 발농부나 하겠다며 따라나서더니 운전대를 잡는다. 여행하면서도 둘만 이렇게 따로 있었던 적이 없어 새신랑에게 제대로 축하 인사도 전하지 못했다. 색시 보고 싶지 않느냐는 질문에 씩 웃기만 한다. 보고 싶다는 의미이리라. 신혼여행 다녀와서 3일 만에 가출했으니 얼마나 보고 싶겠는가.

우리는 주유소에 딸린 편의점에서 장작 세 묶음을 샀다. 한 묶음 가격이 우리가 묵었던 캠핑장에서 하룻밤 캠프파이어 허가를 받은 금액과 비슷하다. 그동안 우리가 얼마나 싸고 풍족하게 장작을 땠는지 이제야 알 수 있었다. 하지만 조금 비싸면 또 어떠랴. 모닥불 주위에 둘러앉아 두런두런 이야기를 나누며 가

습속으로 느낄 행복감에 비한다면 거저나 다름없는걸.

　캠프사이트로 돌아오니 그 사이에 관리인이 다녀간 모양이었다. 장작은 관리인이 차에 싣고 다니며 필요한 사람에게 판다고 했단다. 진작 알았더라면 그 멀리까지 나가지 않아도 되었을 텐데……. 그런 정보는 캠핑장 입구에다 좀 적어놓으면 어디가 덧나나? 숲에서 구한 고목을 열심히 패고 있던 맏형이 관리인에게 한마디 들은 모양이다. 숲 속 나무는 땔감으로 쓸 수 없다는 규정이 있단다. 힘들여 팬 나무까지 다시 숲으로 갖다놓았다고 한다. 공연히 나무 팬다고 힘쓰신 맏형은 허무해서 어쩌나.

　마지막 야영이라는 이유로 은광이가 엄청난 성찬을 준비한다. 저녁을 배불리 먹었음에도 장작불에 소시지와 소고기를 굽는다고 난리다. 즐거운 여

행을 하면 이렇게 대식가가 되는 것인가. 소시지는 꼬챙이에, 소고기는 석쇠에 구워 먹는 맛 또한 일품이다. 이럴 줄 알고 대장이 재스퍼에서 석쇠와 꼬챙이를 사온 것이다. 술이 한 순배 돌아가자, 한 낭만 하는 사람들은 모닥불 옆에서 비박을 하겠다고 매드리스와 짐낭을 깐다. 탁탁 소리를 내며 장작에서 튕겨나오는 불티에 우모복이나 침낭이 성치 않을 텐데도 일말의 망설임도 없다. 더욱이 고기를 구우며 이렇게 냄새를 풍겨놨으니 밤참 생각난 곰들이 오지 말라는 법이 없지 않은가. 겁 많은 나는 무조건 텐트 안으로 들어가련다.

대형 번데기. 새벽에 나와 보니 불 옆에 5명이 침낭에 들어가 있다. 처녀도 2명, 처녀가 야영 며칠 하더니 이제는 노숙도 한다.

1

2

1 잠시라도 짬이 생기면 메모와 스케치 작업을 하는 허 대장을 보며 프로정신을 느낄 수 있었다.

2 마지막 야영이라는 아쉬움에 멀쩡한 텐트를 놓아두고 다들 비박을 했다.

3 기껏 열심히 장작을 팼는데 관리인이 와서는 숲 속 나무는 땔감으로 쓸 수 없다고 한다. 괜히 힘만 썼다.

캐나다의 호수가 에메랄드 빛인 이유

빙하가 흘러내리면서 자갈은 가라앉고 진흙과 돌
가루는 중간층에 떠 있는데 햇빛이 중간의 돌가
루에 반사되어 에메랄드 빛으로 보이는 것이다.

에디트 카벨 산 이름의 유래

에디트 카벨 산의 이름은 숭고한 간호사의 죽음에서 유래했다. 제2
차 세계대전 때 유대인 구원의 아버지 쉰들러가 있었다면 제1차 세
계대전에는 영국인 간호사 에디트 카벨이 있다. 그녀는 벨기에에서
적십자 소속으로 국적에 관계없이 부상병을 돌봤다. 그러면서 낙오
된 영국 병사들을 숨겨주고 탈출을 도왔는데 1년간 200여 명에 이

르는 병사들이 그녀의 도움을 받아 탈출에 성공했다. 하지만 꼬리가 길면 밟히는 법, 결국 독일군에게 체포되고 말았다. 그 후 그녀는 미국과 스페인의 줄기찬 탄원에도 불구하고 1915년 총살당한다. 당시 이 사건으로 미국이 참전하게 되었다는 설도 있을 만큼 그녀의 죽음은 세상을 떠들썩하게 했다.

그녀의 생애는 1939년 미국 영화로도 만들어졌다는데 옛날 영화라 보기는 힘들다. 1916년 캐나다는 그녀를 기리기 위해 재스퍼 국립공원에 있는 이 산에 그녀의 이름을 붙였다. 매년 여름 이곳에서 그녀를 위해 추모제를 지내고 정상을 오르는 행사도 치른다. 산 밑에까지 내려와 있는 빙하를 엔젤(Angel) 빙하라 부르는 이유는 간호사를 상징하는 천사의 날개 형상을 닮았기 때문이라고 한다.

재스퍼의 미에트 온천

재스퍼 시내에서 동쪽으로 달려 약 한 시간 거리에 있는 미에트 온천. 온천 자체보다도 온천에 이르는 구불구불한 산길 도로가 더욱 유명하다. 펀치볼(Punchbowl) 폭포와 옛 탄광의 흔적, 그리고 애슐러 산등성이에 있는 전망대를 즐길 수 있다. 미에트 온천은 밴프의 어퍼 핫 스프링스와 비교해볼 때 규모는 작지만 물의 온도가 천연 상태로 50도에 이르고 미네랄 성분이 풍부한 것으로 알려져 있다.

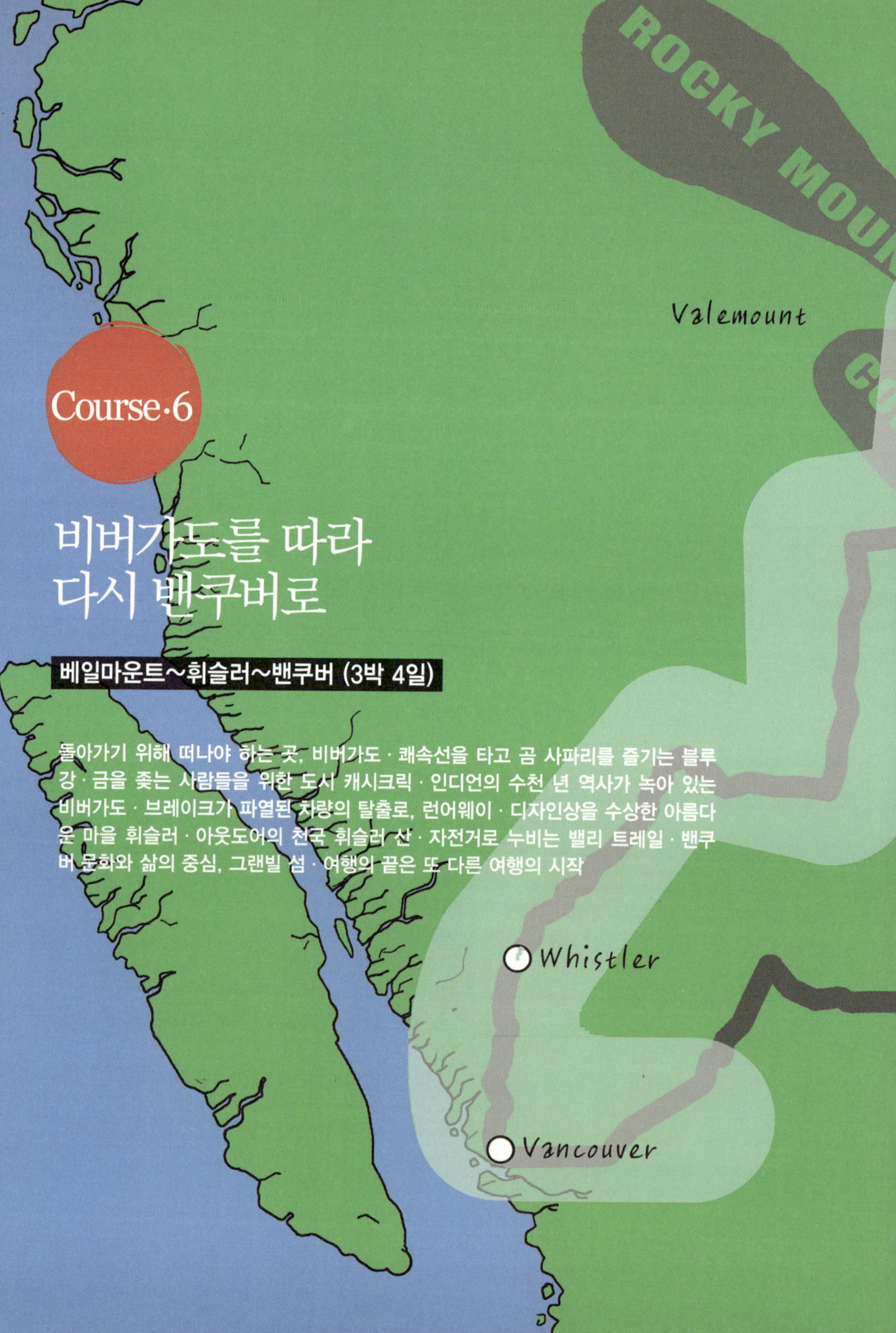

Course·6

비버가도를 따라 다시 밴쿠버로

베일마운트~휘슬러~밴쿠버 (3박 4일)

돌아가기 위해 떠나야 하는 곳, 비버가도 · 쾌속선을 타고 곰 사파리를 즐기는 블루강 · 금을 좇는 사람들을 위한 도시 캐시크릭 · 인디언의 수천 년 역사가 녹아 있는 비버가도 · 브레이크가 파열된 차량의 탈출로, 런어웨이 · 디자인상을 수상한 아름다운 마을 휘슬러 · 아웃도어의 천국 휘슬러 산 · 자전거로 누비는 밸리 트레일 · 밴쿠버 문화와 삶의 중심, 그랜빌 섬 · 여행의 끝은 또 다른 여행의 시작

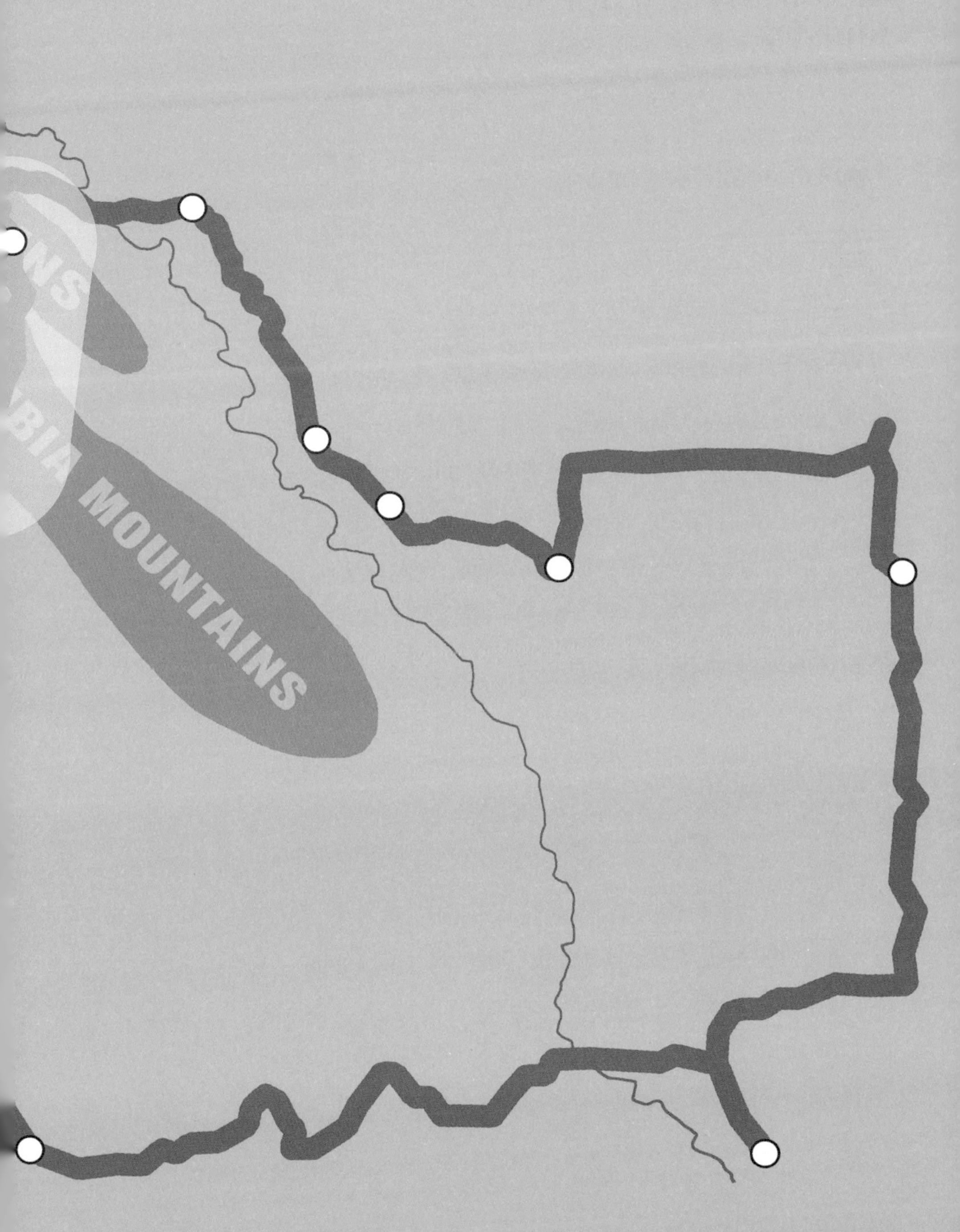
MOUNTAINS
MOUNTAINS

돌아가기 위해 떠나야 하는 곳,
비버가도

우리는 지금 비버가도를 달리고 있다. 비버가도란 재스퍼에서 클리어워터(Clearwater), 캠루프스(Kamloops), 릴루엣(Lillooet), 휘슬러 등을 경유하여 밴쿠버에 이르는 길을 뜻한다. 보통은 클리어워터에서 1박, 캠루프스에서 1박, 그리고 휘슬러에서 1박을 하여 3~4일 코스로 여행하는 것이 대부분인데 우리는 휘슬러에서 2박을 하고 밴쿠버에 도착하는 것을 목표로 출발했다. 대장과 기탁 형님, 호준이 그리고 두 여성 멤버들의 귀환이 머지않았기 때문이다.

로키 여행을 끝냈으니 이제 바쁜 사람은 보내줘야 할 때가 되었다. 안 그래도 여행 중간중간 원고 청탁과 독촉 전화를 받으며 대장이 무척 곤혹스러워했다. 대장이 할 일이 많다는 건 호준이도 더 이상 놀고 있을 수 없다는 뜻이다. 또 오래도록 약국을 비워온 기탁 형님, 휴가를 끝내고 빨리 직장으로 복귀해야 하는 명진이와 민경이도 그렇다.

2주 이상의 장기여행을 하는 사람들의 심정은 대부분 마찬가지일 것이다. 처음에는 일에서 벗어난 행복에 취해 하늘만 봐도 실실 웃음이 나온다. 한 일주일 정도 지나면 일 때문에 언제 그렇게 스트레스를 받았었는지 가물가물할 정도다. 그러다 여행이 후반기로 접어들면 슬슬 걱정되기 시작한다. 미뤄두고 온 보고서가 떠오르고 처리해야 할 업무의 리스트가 휘리릭 스쳐간다. 아침저녁으로 출근전쟁에 시달릴 생각을 하면 끔찍하다. 몸은 여행을 하면서도 머리 한구석은 일 생각으로 복잡하다.

하지만 한편으로는 돌아가고 싶기도 하다. 어서 돌아가서 나의 자리를 찾고 싶다. 그동안 괜한 짜증으로 툴툴거렸던 동료에게 선물도 전해주고 예전보다 더 신나게 열심히 일하는 모습을 보여주고 싶다. 결국 여행이란 돌아가기 위해 떠나는 것이 아니던가. 내가 갖고 있던 것들에 대한 고마움, 소중함을 느끼며 다시 제자리로 돌아가는 것이다.

나 역시도 밴쿠버가 가까워지니 가족 생각이 많이 난다. 2005년에 이민을 와 정착하면서 모두 몸고생, 마음고생이 심했다. 캐나다에 오면 더 가족 중심으로 재밌게 살 수 있을 줄 알았는데 하염없이 주어진 시간이 오히려 우리를 무료하게 만들었다. 아내를 남겨두고 나 혼자 산으로 강으로 돌아다닌 적도 많다. 그렇게 시행착오를 겪고 이제야 조금 적응이 된다. 이번 여행을 마치고 나면 아내와 단둘이 한적한 호숫가로 여행을 떠나볼까? 바쁜 생활에도 불구하고 틈틈이 사모님과 함께 야영을 다니시는 허 대장을 볼 때면 내가 참 나쁜 남편이 아닌가 반성하게 된다. 한번은 어떻게 사모님을 모시고 다니게 됐냐고 물었더니 허 대장이 대답했다. 밤에 너무 무서워서 데리고 간다고.

똑같은 풍경이 벌써 80km 이상 이어지고 있다. 비버가도에

서 우리의 첫 정거장은 곰 사파리 투어로 유명한 블루(Blue) 강

이 될 것이다.

쾌속선을 타고 곰 사파리를 즐기는
블루 강

곰은 우리 일행들이 가장 보고 싶어 했던 동물이었다. 특히 대장은 공격성이 강하다는 그리즐리를 그렇게 보고 싶어 했다. 하지만 그들은 우리에게 끝내 얼굴도 내밀지 않았다. 흑곰 한 마리를 멀리서 본 것이 전부였다. 사실 그것도 워낙 먼 거리에서 본 것이라 곰을 보았다고 말하기도 좀 뭣하지만 말이다.

이제 로키를 떠난 마당에 더 이상 기회가 없을 것 같아 아쉬운 마음이었는데, 마침 비버가도에 곰 사파리를 하는 곳이 있어

그냥 지나칠 수가 없었다.

블루 강의 곰 사파리는 조그만 쾌속선을 타고 곰이 자주 출몰하는 호수를 찾아가 곰을 찾는 여행이다. 엄청나게 큰 방한복을 하나씩 꺼내 입으니 모두 우스꽝스런 모습으로 변했다. 양팔을 벌리고 서 있으면 영락없이 허수아비들이다.

물 위를 달리는 배 안에서 맞바람을 맞으며 열심히 곰을 찾았건만 어디에도 눈에 띄지 않는다. 갑자기 가이드가 "저기 곰이다!" 하는 소리에 가리키는 곳을 보니 흑곰 한 마리가 보인다. "와, 곰이다, 곰!" 우리는 소리를 질러 환호했다. 네 살배기로 보이는 중간 크기의 잘생긴 놈이었다.

이들은 바다에서 호수로 올라와 알을 낳고 죽은 연어를 먹으러 호숫가로 나온단다. 그 한 마리가 우리가 본 전부였다. 그나마 10여 미터까지 접근할 수 있었다는 것이 수확이라면 수확이었다.

이번 여행 내내 몸에 지니고 다녔던 베어건

나무에 끈을 매달아 음식물을 보관하는 베어폴

대장이 늘 곰타령을 하니 기탁 형님과 호준이, 그리고 민경이까지도 왜 곰을 못 보는 거냐며 타령했다. 하지만 인솔자의 입장에서 나는 곰과 마주치길 바라지 않았다.

사실 곰은 TV에서 보는 것처럼 사람을 만나면 좋아서 어쩔 줄 모르는 귀염둥이가 절대로 아니다. 로키 등의 고산 지역에 사는 그리즐리와 북극권에 사는 북극곰의 경우 공격성이 매우 강하다. 낮은 산악지형에 사는 흑곰은 공격성이 적다고 하지만 사람으로부터 위협을 느끼면 언제든 공격한다. 특히 새끼를 데리고 있는 어미 곰이나 맛있게 식사를 하고 있는 곰에게는 접근하지 않는 것이 상책이다.

산에 오를 때나 산속에서 야영할 때에는 반드시 곰을 쫓는 베어건을 챙겨야 하고, 산행 중에는 동료들과 이야기하면서 일부러 소리를 내야 한다. 그래야 곰도 인기척을 느끼고 가까이 다가오지 않기 때문이다.

또 야영 시 음식물을 보관할 때는 반드시 나무 위에 설치된 베어폴을 이용하여 공간에 떠 있게 해야 한다. 텐트 속이나 테이블 위에 놓아두면 냄새를 맡은 곰이 가까이 다가와 본의 아니게 격투전이 벌어질지도 모르기 때문이다.

일단 곰은 마주치지 않는 것이 가장 좋다. 마주쳤을 때에는 정신 똑바로 차리고 곰을 정면으로 보아야 한다. 그러면서 천천히 뒷걸음질해서 몸을 빼야 한다. 절대로 등을 보이며 도망쳐서는 안 된다. 또한 이 상황에서 베어건을 쏘는 것은 오히려 곰의 공격을 자초하는 일이 될 수도 있다. 이것은 잘못하면 생명을 잃을 수도 있는 행동이다. 곰은 산속에서 순간 시속 50km

까지 달릴 수 있다고 한다. 우리가 산에서 뛰면 과연 얼마나 빠

르게 뛰겠는가?

너무나 보고 싶었던 그리즐리 곰.
가이드가 손짓하는 방향으로 이리저리 열심
히 눈을 돌렸다.
그런데 맨 오른쪽에 앉아 있는 또 한 마리의
곰은 누구일까?

금을 좇는 사람들을 위한 도시
캐시크릭

곰 사파리를 마치고 다시 열심히 차를 몬다. 오늘의 목적지인 휘슬러까지 도착하려면 속력을 내야 한다. 캠루프스를 그냥 지나쳐 캐시크릭(Cashe Creek)으로 들어섰다. 이 지역은 예전에 골드러시가 한창이었던 때 금을 좇던 사람들이 마차를 달려 지나가던 곳이다. 많은 사람들이 캘리포니아에서만 골드러시가 있었던 것으로 아는데, 사실 19세기의 골드러시는 밴쿠버 위쪽 프레이저(Fraser) 강 인근의 카리부(Cariboo)에서도 있었고, 태평양 연안 북쪽의 유콘(Yukon)에서도 있었다.

카리부는 지금의 97번 하이웨이를 따라 올라가는 카리부 고원지대를 가리킨다. 1858년 금광이 발견되면서 엄청난 수의 유럽인들이 몰려왔던 곳이다. 개중에는 일확천금을 이뤄낸 사람도 있었겠지만 대부분은 헛물만 켰고 일부는 혹독한 날씨와 환경을 이겨내지 못하고 목숨을 잃기도 했다.

하지만 이 일로 카리부 지역의 인구는 순식간에 10배 이상 증가한다. 영국은 공병대를 파견해 도로를 닦았고, 사람들이 더 몰려들자 여관과 목장도 들어서게 된다. 약 10년에 걸친 이

골드러시를 통해 새로운 도시와 마을이 탄생한 것이다. 바로 그곳이 지금 우리가 달리고 있는 캐시크릭에서 100마일 하우스(100Mile House), 윌리엄스(Willams) 호수, 프린스 조지(Prince George)까지 올라가는 길이다.

1896년 골드러시는 다시 한 번 유콘 지역에 휘몰아친다. 클론다이크 지역에서 금이 발견되면서 노다지꾼들이 대거 몰려든 것이다. 하지만 클론다이크(Klondike)로 가는 길은 그리 호락호락하지 않았다. 그곳을 찾아가던 사람들이 도중에 굶주림과 탈진으로 목숨을 잃는 사태가 빈번하게 일어난다. 하지만 이곳으로 접근하기 위해 사람들이 잠시 머물던 에드먼턴(Edmonton)과 밴쿠버, 빅토리아는 유례 없는 활황을 맞는다. 밴쿠버의 인구가 이 시기에 두 배로 늘어난 것만 보아도 그 열기를 대강 짐작할 수 있지 않을까. 이 클론다이크 골드러시로 유콘은 1898년 준주로 승격했다. 금이 선사한 커다란 축복인 셈이다.

옛 사람들이 마차를 몰며 올라갔을 이 길을 우리는 차를 몰아 순식간에 지나가고 있다. 그들이 며칠씩 걸렸을 거리를 우리는 몇 시간 만에 가는 것이다.

캘리포니아 골드러시 당시 금을 좇아 쇄도하는 사람들을 'Forty-Niners'라 불렀다. 우리말로 '노다지를 좇는 불나방들'이라 해석하면 적절하지 않을까 싶다. 혹시 누가 그 의미를 아는가 싶어 질문을 해봤다. 대답들이 걸작이었다.

"캐나다와 미국의 국경선, 즉 북위 49도 근방에 사는 사람들이란 의미가 아닐까?"

"아냐. 그것은 나이 오십을 목전에 두고 오십이 되기 싫어 죽어도 마흔아홉이라고 주장하는 사람을 말하는 거야."

"내 생각에는 행운을 의미하는 칠의 제곱, 즉 7×7은 사십구니까 금광을 찾은 엄청난 행운아를 의미할 거야."

어디에서 이런 톡톡 튀는 기발한 생각들이 나오는지 신기하기만 하다. 역시 허패는 대단해! 그렇지만 정답은 없네요.

이들을 '49ers'라 부르는 이유는 캘리포니아 골드러시가 시작된 해가 1849년이기 때문이다. 이것은 캘리포니아를 대표하는 관용어처럼 되어 지금은 샌프란시스코의 미식축구 팀 이름으로도 쓰인다.

이 교차로에서 오른쪽으로 빠져나가 프린스 조지에 이르는 길이 카리부 골드러시 때 사람들이 금을 좇아 올라갔던 곳이다.

인디언의 수천 년 역사가
녹아 있는 비버가도

차창을 통해 주택과 사람을 유심히 살펴보던 대장이 갑자기 무엇을 발견한 듯 차를 천천히 몰라고 주문한다. 어느 누구보다 호기심이 많고 관찰력이 예리한 양반이라 또 어떤 질문으로 나를 난처하게 만들지 걱정되었다.

"여기도 인디언들이 많이 사는 모양이네. 그런데 이 사람들 얼굴이나 골격이 몽골 계통으로는 보이지 않는데."

헉! 그래요? 이것도 참으로 난감하기 짝이 없는 질문이 아닐 수 없다.

"여기선 인디언이란 말은 잘 안 씁니다. 그냥 원주민이라고 하지요. 북극권 원주민도 에스키모란 말 대신 이뉴잇(Inuit)이라고 부릅니다."

여기 원주민들이 왜 몽골인들과 생김새가 다른지에 대해선 답을 못하고 엉뚱한 말로 얼버무리며 위기를 넘겼다. 내가 모르는 것을 눈치챘는지 대장도 그냥 넘어간다.

펨버턴(Pemberton)을 지날 때는 앞마당 의자에 앉아 한가롭게 오가는 차량을 구경하던 원주민 부부가 우리를 보고 반갑

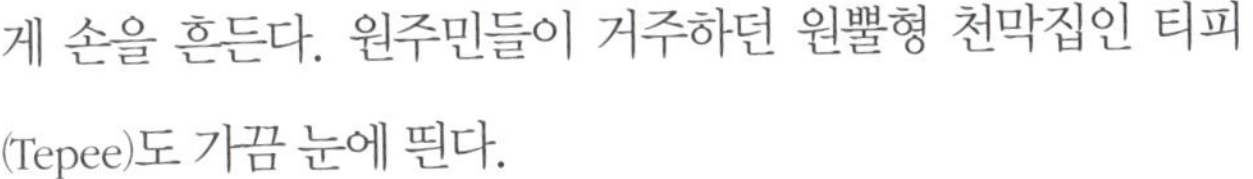

게 손을 흔든다. 원주민들이 거주하던 원뿔형 천막집인 티피(Tepee)도 가끔 눈에 띈다.

우리가 지나는 이곳, 좀 더 구체적으로 말하면 태평양 연안의 내륙지역에는 살리시(Salish) 부족이 가장 많이 산다. 태평양에서 올라오는 연어를 잡고 사냥을 해서 수천 년을 살아온 부족이다.

이들만이 아니라 캐나다에는 헤아릴 수 없이 많은 원주민 부족들이 있다. 부족 이름은 또 왜 그리 어려운지 외울 수도 없을 지경이다. 어떤 때는 원주민 숫자보다 원주민 부족의 수가 더 많은 것이 아닌가 하는 생각도 든다. 워낙 지역이 넓은 데다 부락들이 서로 고립되어 독자적인 언어와 문화를 유지하며 살았기 때문이 아닌가 싶다.

이들이 남긴 문화 중 가장 유명한 것이 토템폴(Totem Pole)이

다. 토템폴은 원주민들이 집을 지을 때 사용한 기둥이나 죽은 사람을 넣는 관을 짤 때 가장자리에 붙이는 장식기둥에서 유래되었다는 설이 있다. 이것이 점점 발전하여 부족의 번영과 영광을 기리는 염원의 상징물이 되었다는 것이다.

원주민의 역사는 4만 5,000년에 이르지만 토템폴의 역사는 그다지 길지 않다. 기껏 해봐야 200년 정도다. 그 이유는 토템폴을 조각할 수 있는 철제 도구들이 발달된 이후에야 이 문화가 가능했기 때문이다. 처음에는 지금의 알래스카 지역에서 시작되었다가 점차 남쪽으로 내려와서 지금의 브리티시컬럼비아 주와 미국 워싱턴 주의 북쪽까지 확산되었다. 한때는 이 지역에 이주한 유럽 기독교인들이 토템폴을 우상숭배로 규정하여 원주민들로 하여금 토템폴 제작을 못하게 하고 이미 만들어둔 토템폴까지 파괴하게 하였다. 19세기에 들어와서야 토템폴을 원주민 특유의 예술로 인정하고 국가가 보호하게 된 것이다.

캐나다에서 토템폴을 가장 많이 볼 수 있는 곳은 브리티시컬럼비아 대학교의 인류학 박물관이다. 밴쿠버의 스탠리 공원에도 토템폴 전시장이 있다. 우리가 지금 달리고 있는 비버가도에서도 새로운 마을을 지날 때마다 다양한 모양의 토템폴을 만날 수 있었다.

브레이크가 파열된 차량의 탈출로, 런어웨이

릴루엣 시내로 들어가 주유를 하고 다시 하이웨이를 달렸다. 그냥 달린 것이 아니라 엄청 속력을 내서 달렸다. 운전대를 잡은 사람이 허 대장이었기 때문이다.

대장은 오카나간 밸리를 달릴 때부터 운전대 한번 잡게 해달라고 종종 졸랐었다. 하지만 감히 대장에게 어떻게 운전을 시킬 수 있겠는가. 길을 잘 모르기 때문에 안 된다는 이유로 우리는 한사코 핸들을 양보하지 않았다.

이제 밴쿠버로 돌아가면 더 이상 운전할 기회는 없다. 게다가 휘슬러에 가까워지면서 하이웨이가 구불구불한 산악형 길로 바뀌자 대장은 그 변화감에 신이 나는지 몹시도 운전이 하고 싶은 모양이었다. 왜 나에겐 운전할 기회를 주지 않느냐며 투덜거리는 대장에게 드디어 키를 넘겼다.

모처럼 잡은 기회인 만큼 속도를 자랑하고 싶었던 것일까. 아니면 그동안 쉬었다고 운전 감각이 떨어진 것일까. 차가 좌우로 커브를 틀 때마다 몸이 이리저리 흔들렸다. 그래도 대장인지라 아무도 무슨 말을 할 수가 없다. 두 다리에 잔뜩 힘을 주고 몸

의 균형을 잡을 뿐이었다. 대장이 손수 운전을 하고 있는데 감히 누가 시비를 걸겠는가. 속도계는 100km를 넘기고 있었다.

불안감에 미칠 정도가 되어갈 때, 카유시 고개(Cayoosh Pass)를 내리꽂듯이 달리던 중, '런어웨이 레인(Runaway Lane)'이란 표지판이 나타났다. 나는 이때다 싶어 대장에게 말했다.

"대장님, 저기 런어웨이에서 사진 한 장 찍고 갑시다."

사실 런어웨이는 급경사 내리막에서 브레이크가 파열된 차량들을 멈추기 위한 탈출로로 마련해놓은 것이다. 브레이크가 고장난 채로 내리막길을 내려오면 속도가 배가되어 대형사고로 이어질 수 있다. 그래서 내리막길 밑에 경사진 오르막길을 만들어 사고를 피할 수 있는 탈출로를 만든 것이다.

그런데 이 탈출로가 영어로 '런어웨이'다. 우리 집단가출팀의 영어 이름도 'Group Runaway'다. 재미있는 인연이 아닌가! 이 앞에서 기념촬영을 하는 것도 나름의 의미가 있을 것이다.

어쨌든 런어웨이 덕분에 대장이 길 옆 공터에 차를 세웠다. 다들 문을 열고 내리며 "휴~" 하고 안도의 한숨을 내쉬었다.

그런데 정작 놀랄 일은 다른 곳에 있었다. 차량 두 대 모두 브레이크가 과열되어 벌겋게 달아올라 있었던 것이다. 브레이크를 얼마나 오랫동안 심하게 밟았으면 이 지경이 되었을까.

상태는 호준이가 운전한 뒤차가 더 심했다. 뒤차는 앞차가 열심히 내빼니 죽어라 쫓아올 수밖에 없었을 터. 급히 차 안을 뒤졌지만 물통이 보이지 않았다. 하는 수 없이 귀한 팩소주까지 몇 개 뜯어야 했다. 속으로는 '아니? 저 귀한 소주를 차에다 막 부어대다니!' 하며 아까워했지만, 지금 상황으로 보아 소주보다는 차량이, 차량보다는 우리 생명이 더 중요한 것 아니겠는가.

열 받은 브레이크가 어느 정도 진정되면 출발하기로 했다. 브레이크에 소주를 먹여놨으니 더 열이 뻗치는 건 아닐지 걱정된다.

예기치 않은 휴식에 딱히 할 일이 없다.

"어이, 주방장! 우리 심심한데 라면이나 끓여 먹자."

"옛~썰!"

주방장의 활기찬 목소리가 들려온다.

은광이가 빠른 속도로 라면을 끓이는 사이 우리는 런어웨이 표지판에 매달려 사진도 찍고 물을 빼서 몸무게도 줄일 수 있었다.

이날 은광이가 끓여준 라면은 캐나다 여행에서 먹었던 모든 산해진미 중에서도 잊지 못할 만큼 꿀맛이었다. 다들 입으로 들어가는지 코로 들어가는지 모를 정도로 맛있게 먹었다. 아마도 더 이상의 야외 식사는 없을 것이라는 생각 때문에 더 맛있게 먹었을 것이다.

그나저나 아무리 생각해도 제때 차를 세운 것이 천만다행이었다. 누구 말대로 가출, 즉 런어웨이가 우리를 살린 것이다.

디자인상을 수상한
아름다운 마을 휘슬러

날이 어둑어둑해져서야 휘슬러에 도착했다. 휘슬러를 가리키는 안내판의 출현이 잦아질수록 무척 반짝이는 눈으로 흥분하는 사람이 있었다. 바로 은광이다. 캐나다에서 프로 보드 선수로 활동했던 은광이가 보드를 배우기 위해 만 7년 동안 고생하며 살았던 곳이 바로 휘슬러이기 때문이다.

리조트 타운이어서인지 늦은 밤인데도 곳곳에 불이 환하다. 마을이 어찌나 아기자기한지 탄성이 절로 나온다. 캐나다에서 여러 차례 디자인상을 수상한 마을이라고 하니 아름다움과 친환경성, 그리고 생활의 편리성과 오락성을 얼마나 조화롭게 꾸며놓았는지 상상할 수 있을 것이다.

우리는 은광이가 유학시절 종종 와서 먹었다는 몽골 식당으로 가서 푸짐한 저녁식사를 했다. 캐나다 최대 스키 리조트인 이곳에는 몽골, 태국, 일본, 베트남 등 각국의 음식을 모두 맛볼 수 있을 만큼 다양한 식당들이 있다고 한다. 하지만 은광이 말에 의하면 우리 입맛에 맞는 음식점은 그다지 발견하지 못했다는 것. 덕분에 열심히 혼자 요리를 하여 지금의 주방장 실력

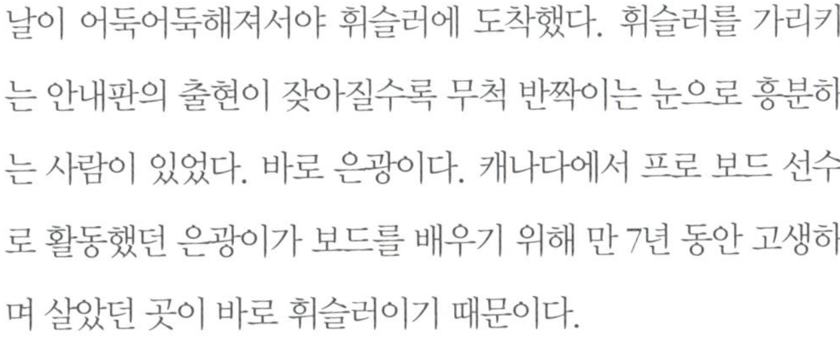

휘슬러에서 7년을 살았던 김은광의 안내로 찾아간 몽골 식당.

이 만들어진 것이다.

　음식 이야기가 나오자 대장이 지금껏 숨겨왔던 캐나다 음식에 대한 불만을 토로하기 시작했다. 전체적으로 너무 뻑뻑하고 재미없는 음식이라는 것이 요지였다. 빵도 뻑뻑하고 수프도 뻑뻑하고, 매일 빵 사이에 야채 몇 장 끼워 먹는 것을 반복하며 살고 있으니, 사람이 어떻게 그렇게 먹고 사는지 이해하지 못하겠다고 한다. 새삼 여행 중 서너 번 햄버거를 먹으며 대장이 얼마나 고통스러웠을지 짐작이 갔다.

　하지만 장단점은 있다. 우리 한국 음식은 야영생활에서 번거로움을 준다. 여기 사람들은 캠핑을 하면서 식사를 준비하는 데 큰 불편함이 없다. 그냥 식빵 몇 장 꺼내서 햄 넣고 치즈 넣고 우유와 마시면 끝이다. 혹은 시리얼로 대신하기도 한다. 만드는 데도 5분이면 충분하고 치우는 데도 5분이면 충분하다. 음식물 쓰레기도 나오지 않는다.

캐나다 여행 중 본토 음식을 맛있게 먹은 기억은 하나도 없다. 유일하게 지금도 가끔 생각나는 음식은 이것.

지구 점유세 징수 대상자들

그런데 우리는 늘 밥 따로 국 따로 끓여야 하고 재료를 손질하고 양념하는 복잡한 과정을 거쳐서 지지고 볶아야 한다. 게다가 설거지거리와 쓰레기는 또 얼마나 많이 생기는가. 야영 내내 전기밥솥과 김치통, 버너 그리고 버너에 연결하는 가스통을 들고 다니며 은광이가 얼마나 고생했던가. 캠프장에 짐을 내리면 가장 먼저 전기밥솥을 꽂을 전원을 찾아헤맸던 은광이의 모습이 떠오른다. 한번은 겨우 전원을 찾았는데 취사 버튼 누르는 것을 깜빡 잊어서 밥 없이 반찬만 먹었던 허탈한 기억도 있다.

이제 더 이상 야영을 안 하기 때문에 대장은 어쩔 수 없이 현지 음식을 먹어야 한다. 비교적 음식 적응력이 뛰어난 기탁 형님은 지금껏 못 먹어본 캐나다 음식을 실컷 먹어보겠다고 한다. 하지만 대장의 얼굴은 어둡다. 물론 은광이는 홀가분한 표정이다. 여성 동지들도 설거지에서 해방된 것만으로도 즐거운 모양이다.

휘슬러에서의 들뜬 밤을 우리는 노천카페에서 시원한 맥주 한 잔으로 마무리했다. 내일은 휘슬러 스키 리조트에서 하루를 보낼 것이다.

아웃도어의 천국
휘슬러 산

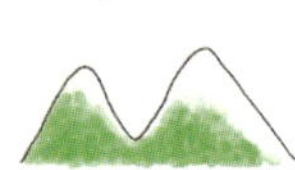

곤돌라가 있는 산이라면 걸어 오르기가 쉽지 않다. 밴프에 있는 설퍼 산이 그랬고, 재스퍼의 휘슬러 산도 마찬가지였다. 이곳 휘슬러 스키 리조트의 휘슬러 산도 올라가는 길 모두를 곤돌라와 리프트가 책임진다. 빌리지를 출발하여 라운드하우스(Roundhouse) 로지까지 오른 후, 거기서 스키 리프트로 갈아타고 해발 2,160m의 휘슬러 정상까지 오른다. 여기서는 이것을 '피크 어드벤처(Peak Adventure)'라고 부르는데 여름철에 상당한 인기를 누리는 상품이다. 평일은 6월 30일부터 9월 23일까지만 한시적으로 운행하는데, 다행히 우리가 그 마지막 날에 맞춰 곤돌라를 탈 수 있었다. 가을철 한 달은 주말에만 운행한다.

곤돌라 탑승장으로 가니 우리가 기다리는 줄 외에도 산악자전거를 타는 사람들을 위한 줄이 따로 있었다. 머리뿐만 아니라 팔, 다리에도 보호장구를 완벽히 갖춘 젊은이들이 자전거 앞바퀴를 하늘로 올린 채 차례를 기다린다. 안내인이 두 줄의 중간에 서서 곤돌라가 내려올 때마다 양쪽을 번갈아가며 태웠다. 사실 바이크 파크(Bike Park)까지 운행하는 라이더 전용의 리프

휘슬러 정보 사이트
www.tourismwhistler.com

휘슬러 빌리지 곤돌라
www.whistlerblackcomb.com
여름철 성수기 매일 운행

사이클링/산악자전거
매일 10:00~20:00 (여름철인 6월 중순~8월) / 이 기간을 제외한 경우 운영 시간이 단축되니 확인 필수
초보자 코스부터 상급자 코스까지 다양한 수준의 트랙과 트레일에서 연습할 수 있다.

겨울철에는 스키와 스노보드 인파로, 여름철에는 산악자전거를 즐기는 마니아들로 휘슬러는 북새통을 이룬다.

트가 있지만 다들 곤돌라를 타는 색다른 즐거움을 포기하기 싫은 모양이다.

우리가 휘슬러를 방문했을 때는 산악자전거 라이더들이 유난히 많았다. 겨울에 스키 인구가 한바탕 휘슬러를 휩쓸고 가면 그다음에 찾아오는 사람들이 라이더들이다. 휘슬러 산에는 따로 라이더 전용 트레일이 있어서 고난이도의 기술을 훈련하려는 사람들이 몰려오고, 레벨에 따라 레슨을 받을 수 있는 기회도 주기적으로 열린다고 한다.

라이더를 볼 때마다 느끼는 것이지만, 그들의 젊음이 무척 부럽다. 그들 모두 검게 그을린 얼굴과 구릿빛 팔뚝, 전봇대처럼 굵고 탄탄한 허벅지를 자랑하고 있다. 캐나다에는 이처럼 젊은 시절 오직 자전거만 이용하여 대륙 횡단에 나서는 젊은이들이 상당히 많다. 밴쿠버에 사는 청년이 토론토까지 자전거를 타고 갔다든지, 퀘벡에 사는 청년이 자전거를 타고 밴쿠버에 입성했다든지 하는 내용의 뉴스가 잊어버릴 만하면 들려온다. 2002년에는 한 한국인 청년이 밴쿠버에서 핼리팩스(Halifax)까지 자전거 횡단에 성공하여 화제가 된 적이 있다.

캐나다는 가구의 60퍼센트가 자전거를 보유하고 있고 인구 중 5퍼센트 정도가 정기적으로 자전거를 탄다고 한다. 최근 몇 년 사이에는 실버층의 자전거 수요가 폭발적으로 늘고 있다고 하니, 이제 할아버지 라이더가 자전거로 대륙 횡단을 했다는 기사가 곧 들려올 것 같다.

라이더들을 보고 군침을 꼴깍꼴깍 삼키는 사람은 돌쇠 호준이었다. 호준이는 만능 스포츠맨인 데다가 스무 살을 갓 넘긴 시절부터 산악자전거를 타온 전문 라이더다. 우리나라 라이더들 사이에는 소위 '산뽕을 맞았다'는 표현이 있는데, MTB로 산을 타는 재미에 중독된 상태를 뜻하는 말로 호준이도 살짝 그런 경험을 한 적이 있다고 한다. 30대 중반을 넘긴 지금도 혈기왕성해서 지방에 취재갈 때에도 틈나면 자전거를 빌려 돌아다니곤 한다.

곤돌라가 라운드하우스 로지까지 우리를 데려다주는 데 25분이 걸렸다. 잠깐 구경하고, 거기서부터 다시 리프트를 탔다. 산 정상에 내리자 은광이가 휘슬러 산의 스키 슬로프에 대해 설명해주었다. 휘슬러와 바로 옆의 블랙콤(Blackcomb) 산에는 합해서 약 200여 개의 스키 슬로프가 있다. 숱한 슬로프들이 만났다 헤어지고, 다시 갈라졌다 한 교차로에서 합류한다. 난이도는 매우 다양한데 라운드하우스 로지 부근에 초급 코스가 있고, 이곳 정상에는 수준급 아마추어 코스에서부터 선수들이나 탈 수 있는 위험한 코스도 있다. 난이도를 확인하려면 슬로프 앞 표지판에 있는 다이아몬드 그림을 확인하는 것이 좋다.

은광이는 자신이 주로 애용했다는 투 블랙 다이아몬드(Two Black Diamond) 코스로 우리를 안내했다. 우리 모두 현기증이 나서 뒤로 물러섰다. 그건 슬로프가 아니라 거의 낭떠러지 수준이었다. 은광이 말로는 골짜기 옆에 있는 블랙콤으로 가면 트리플 블랙 다이아몬드도 있다고 한다. 선수들에게는 그 높이에서 뛰어내리는 것이 정말 아무것도 아니라고 한다. 새삼 은광이가 존경스러웠다. 하기야 그 정도 배짱이 있으니 히말라야 로체 봉을 보드를 타고 내려오는 익스트림 보더(Extreme Boarder)가 될 수 있지 않았겠는가.

정상에서 보는 조망은 한마디로 한 폭의 그림 같다고나 할까. 하얀 눈을 뒤집어쓴 봉우리와 빙하, 거기에 울창한 숲, 골 깊은 계곡과 옥빛 호수 등이 어우러져 멋진 풍경화를 그려놓았다. 특히 저 남쪽 가리발디(Garibaldi) 주립공원 방향에 하늘을 찌를 듯 솟아 있는 블랙터스크(Black Tusk)의 위용이 놀라웠다.

올라올 때는 기구를 타고 왔지만 내려가는 길은 한번 걸어서 가보기로 했다. 정상에서 리틀 휘슬러로 내려가는 길은 하늘나라를 거니는 기분이다. 쉬엄쉬엄 여유롭게 걸어도 30분이면 닿

을 수 있는 거리다. 거기엔 찻집이 있어 허브차 한 잔씩을 시켜 놓고 또 한 번 여유를 부려본다. 산꼭대기에서 마시는 차 한 잔은 차라기보다는 아름다운 풍경과 낭만을 마시는 느낌이다. 몸도, 마음도 말할 수 없이 여유롭다.

다시 라운드하우스로 걸어 내려왔다. 천천히 걸어 내려가야 더 많은 풍경을 가슴에 담을 수 있기 때문이다. 라운드하우스에서 간단히 점심을 때울 만한 간이식당을 발견했다. 파라솔이 설치된 야외 테이블에서 생선튀김과 맥주 한 잔으로 간단히 점심을 때웠다. 따뜻한 햇볕과 맑은 공기 속에서 맥주까지 한 잔 했으니 아무 생각이 없다. 그저 낮잠이나 한숨 잘 수 있으면 좋겠단 생각이 들 뿐이다.

자전거로 누비는
밸리 트레일

산에서 내려오고 나니 이제 무엇을 할 것인지 고민되었다. 그냥 길가 카페에 앉아 시간을 죽이기엔 너무 무료할 것 같고, 그렇다고 산악자전거를 끌고 슬로프를 오르기엔 자신이 없다. 대장과 상의했더니 래프팅이 어떻겠냐고 한다. 그래서 래프팅을 취급하는 몇 군데와 접촉해보았으나 모두 문을 닫아버렸다. 9월 중순이 지나면서 여름 시즌을 끝낸 것이다. 결국 의견을 모은 끝에 자전거로 결론을 내렸다. 남녀노소 다 함께 즐기기엔 자전거가 제격이란 의견이었다.

블랙콤 아래에 있는 어퍼 빌리지(Upper Village)를 출발해 자전거 8대가 일렬로 달린다. 호준이는 자전거를 타면서도 사진을 찍겠다고 저 앞에서 혼자 기다리다가는 셔터를 누르곤 또 잽싸게 우리를 앞질러간다. 저 돌쇠는 언제까지 저렇게 힘자랑을 할 건가? 백두대간에서도, 안나푸르나에서도 돌쇠 같은 체력이야 익히 확인했지만 그때는 모두 총각 시절이었다. 이제 저도 장가를 갔으니 힘을 비축해두어야 할 텐데……

가족들의 피크닉 장소로 잘 알려진 로스트(Lost) 호수에서 잠

시 휴식을 취하고 다시 밸리(Valley) 트레일로 들어섰다. 밸리 트
레일은 30km에 이르는 자전거 도로로 공원과 호수, 골프장을
스쳐 지난다. 하지만 도로에는 산책을 나오거나 인라인 스케이
트를 타는 사람들만 가끔 눈에 띨 정도로 한산하다.

그린(Green) 호수는 그냥 지나칠 수가 없었다. 막 프로펠러를
돌리기 시작한 수상 비행기가 물 위로 떠오를 때까지 지켜보는
것도 좋았고, 골프 제왕이라 불렸던 잭 니클로스가 직접 설계
했다는 니클로스노스(Niclaus North) 골프장을 담 너머로 훔쳐보
는 것도 즐거웠다.

이 골프장은 캐나다의 '톱 25'에 선정된 꽤 유명한 골프장이
다. 니클로스가 직접 설계했다는 사실보다도 골프장 이름으로

그의 이름을 쓰고 있다는 것이 더 유명하다. 왜냐하면 그가 설계한 골프장은 전 세계에 150개나 있지만 그의 이름을 쓴 골프장은 이곳이 유일하기 때문이다. 세계 각지에서 내로라하는 골퍼들이 이곳으로 몰려드는 것은 그 이유를 알아보려 함이 아니겠는가.

휘슬러는 밴쿠버 인근에서 대중교통을 이용하기가 가장 편한 곳이다. 이 수상 비행기를 이용해 밴쿠버까지 이동할 수도 있다. 휘슬러 에어가 위치한 그린 호수에는 잭 니클로스가 설계한 니클로스 노스 골프장이 있다.

밴쿠버 문화와 삶의 중심,
그랜빌 섬

휘슬러의 호텔에서 유난히 여유로운 아침을 맞이했다. 일어난 대원들이 훈련이 끝난 군인들처럼 호텔방 여기저기를 부스스한 머리로 돌아다닌다. 항상 대원 한 사람 한 사람을 시야에서 놓치지 않으며 선임하사처럼 굴던 호준이도 오늘은 눈에 힘을 풀었다. 바지런한 용권이도 오늘 아침은 TV를 보며 자리에서 일어날 생각을 하지 않는다. 민경이가 칫솔을 물고 돌아다니는 걸로 봐서 여성 대원들 방도 이쪽과 사정이 다르지 않은 것 같다. 다들 군기가 빠진 걸까? 이 갑작스러운 여유는 어디서 나온 걸까?

오늘 우리는 장장 20여 일에 이르는 가출을 마무리하고 밴쿠버로 돌아간다. 몇몇 대원들에게는 귀국이 멀지 않았음을 뜻한다. 여행 초기에 신기한 것, 좋은 것이라면 뭐든 눈에 담고 싶어 했던 들뜬 열기가 이제는 차분히 가라앉아 있다. 떠나와서 즐겼다면 이제 돌아갈 준비를 해야 할 때가 왔다는 걸 다들 알기 때문이리라.

느긋하게 출발한 우리는 밴쿠버로 가는 길에 아늑한 공터를 찾아 늦은 아침을 해먹었다. 메뉴는 멸치국물에 익을 대로 익

김은광 표 멸치 김칫국

그랜빌 섬
www.granvilleisland.com
604-666-5784
시내버스 50번으로 그랜빌 다리를 지나 앤더슨(Anderson)가와 웨스트 2번가가 교차하는 지점에서 하차. 또는 폴스 크릭에서 운행하는 소형 페리를 이용.
마켓이나 상점 순회는 3시간이면 충분하다. 레스토랑을 이용하려면 조금 더 시간을 갖자.

어버린 김치를 모두 넣어 팔팔 끓인 김칫국. 모든 대원들이 "시원하다!"를 연발하며 숟가락을 놓지 않았다. 며칠 동안 호텔 조식과 매식에 시달리다 보니 고향음식이 그리웠나 보다. 나중에 물어보니 허 대장과 기탁 형님은 캐나다에서 먹었던 최고의 식사가 바로 이 김칫국이라고 했다. 캐나다의 느끼한 음식에 시달렸던 뱃속 장기들을 순식간에 청소해버린 강력한 파워였다!

모두들 배를 두드리며 차에 올랐다. 밴쿠버로 돌아가면서 들를 우리의 마지막 여행지는 그랜빌 섬이다. 그랜빌 섬은 여행자들이 무거운 짐을 훌훌 털어버리고 가벼운 차림으로 돌아다니기에 좋은 곳이다. 특이함과 일상이 어우러진 곳, 하루 종일 머물러도 즐거운 곳으로, 우리의 마지막 여행지로서도 안성맞춤이다.

우리는 휘슬러에서 그랜빌로 접근했지만, 사실 그랜빌은 차로 5분 거리로 밴쿠버 도심에 붙어 있다. 섬이라곤 하지만 다리로 연결되어 있어 접근이 용이하고, 페리버스로도 쉽게 갈 수 있는 곳이다.

이곳에는 소극장과 갤러리가 밀집되어 있어 1년 내내 연극과 뮤지컬, 뮤지션들의 발표회, 전시회 등이 끊임없이 이어진다. 마치 우리의 인사동 같은 분위기다. 하지만 예술에 관심이 많은 대장이나 호준이가 문화 공간 쪽으로 접근하는 것을 수단껏 막는 것이 내 임무였다. 만일 어느 갤러리나 공예점에 들어가게 되면 그 다음 일정이 꼬이는 것은 당연한 일. 그랜빌 섬의 역사적 배경과 대표적인 볼거리를 부지런히 설명하면서 문화 공간은 대충 건너뛰었다.

여기저기서 거리공연이 한창이었다. 공연 내용, 나이와 실력
들도 천차만별이고 구경하는 이들의 연령대도 다양하다. 요란
하지 않으면서 눈을 즐겁게 해주는 거리풍경이다.

우리는 그랜빌 섬의 또 다른 자랑인 재래시장으로 향했다. '
퍼블릭 마켓(Public Market)'이라 불리는 이 시장은 늘 많은 인파
로 북적거린다. 워낙 싱싱한 농수산물만 갖다놓기 때문에 밴쿠
버 시민들이 하루가 멀다 하고 찾는 곳이다.

시장은 내전이 일어나는 아프리카에도, 동토의 왕국 북한에
도 있는 곳. 사람 사는 곳이라면 어디든 시장이 있다. 현지인들
이 어떻게 살고 있는지를 가장 꾸밈없이 보여주는 곳이 시장
이 아닐까.

역시 이국의 농수산물들은 언제나 신기하다. 우리의 것과는

퍼블릭 마켓

청과, 정육, 해산물, 조제식품 등 식료품
점포가 가득한 실내 시장. 근교 농가에서
갖고 온 농산 가공품 등 이곳에서만 구할
수 있는 식품도 있다. 수공예품을 파는 점
포도 있어서 기념품을 찾아보는 것도 즐
겁다. 곳곳에 있는 셀프 레스토랑은 식사
를 간편하게 끝내기에 편리하다.

🕐 매일 09:00~19:00
휴무 : 12/25~12/26, 1/1

그랜빌 섬의 퍼블릭 마켓

때깔도 다르고 크기도 큼지막하다. 하지만 활어가 없다는 것이 아쉬웠다. 대신 우리는 일본인 가게에서 싱싱한 참치를 구할 수 있었다. 캐나다의 유명한 바다가재를 큼직한 놈으로 몇 마리 샀다. 팔뚝보다 큰 놈들이 2~3만 원대다. 내일 귀국을 앞두고 있는 대원들은 마지막 기념품으로 훈제연어를 사재기하고 있었다.

오래 걸어서 피곤하다면 바닷가로 가보는 것도 좋다. 카페에서 커피 한 잔 시켜놓고 책을 읽거나 거리를 지나는 사람들과 그랜빌 섬을 오가는 배들을 구경하는 것은 또 다른 즐거움이다. 선착장에 정박되어 있는 수많은 종류의 크고 작은 요트를 보면서 바로 이곳이 모든 밴쿠버인들의 로망이 아닐까 하는 생각을 했다.

일행 중 일부가 내일 귀국한다. 귀국일이 다가오자 멋진 뷰포인트에서도 일 생각뿐…….

1

FLOWN DAILY
NOVA SCOTIA

2

Annual GARBAGE CAN ART Contest
7

1 팔뚝만 한 바다가재의 가격이 우리 돈으로 2~3만 원 수준이다.
2 그랜빌 섬은 특이함과 일상이 어우러진 곳이다. 거리공연도 많으므로 두 발로 천천히 걸
  으며 보는 것이 좋다. 뒤에 고층빌딩들이 들어선 밴쿠버 시가 보인다.
3 퍼블릭 마켓에는 선물용으로 좋은 훈제연어와 다양한 종류의 치즈가 있다.

3

여행의 끝은
또 다른 여행의 시작

드디어 밴쿠버로 돌아왔다. 낯선 시가지의 모습과 높이 솟은 고층빌딩들을 보면서 다들 묘한 기분에 휩싸였다. 여행을 끝내야 한다는 아쉬움과 다시 도시의 전쟁터로 돌아가야 한다는 두려움, 기대감 등이 얽히고설킨 복잡한 표정이었다. 하지만 무엇보다도 이제 20여 일간의 공동생활을 접고 헤어져야 한다는 섭섭함이 가장 컸으리라.

캐나다 여행의 베이스캠프였던 우리 집을 향해 차를 몰았다. 20여 일을 가출했다 돌아온 탕아들을 아내가 앞치마 바람으로 따스하게 맞이해준다. 나는 물론이고 다들 면목이 없다. 게다가 마지막 날이라고 저녁까지 근사하게 차려두었으니 말이다.

잡채와 불고기, 김치 등 전형적인 한국 식단. 허 대장과 기탁 형님의 입이 활짝 벌어진다. 그랜빌 섬에서 사온 싱싱한 참치와 팔뚝만 한 바다가재를 삶아 내놓으니 식탁은 더욱 풍성해진다. 명진이가 통 크게도 여행 중 구입한 고급 캐나다산 와인을 풀었다. 여행 중에 늘 일회용 플라스틱 컵에다 줄기차게 따라 마시던 와인을 오늘은 예쁜 와인 잔에 따라서 건배를 청한다.

기탁 형님이 잔을 들고 한 말씀 하신다.

"모두들 수고했어요. 일정 내내 아무 사고 없이 행복한 시간을 보낸 것에 감사합니다. 젊은 사람들이 우리 같은 노땅들과 함께 다니면서 궂은 일, 힘든 일 도맡아준 것 너무나 고맙습니다. 다음 가출여행에도 꼭 함께할 수 있길 바랍니다."

다음은 대장의 한마디가 이어졌다.

"한 달이 다 되도록 서로 양보하며 자기 몫을 다한 여러분들 덕분에 우리의 집단가출을 무사히 마칠 수 있었습니다. 장기간 단체여행을 하다 보면 신경이 예민해져서 싸울 일도 많은데 우리 가출인들은 단 한 번의 잡음 없이 여행을 마쳤다는 것이 신기합니다. 서로를 이토록 좋아하고 배려하는 모임이 또 있을까

요? 내일은 귀국하는 날입니다. 서울에 가서 또 활기차게 생활
합시다. 건배!"

다들 "건배!"를 외치며 와인을 마셨다.

그나저나 다들 가출을 마무리하는 분위기인데 나와 용권이,
은광이에게는 아직 또 한 번의 가출이 남아 있다. 그걸 잊지 않
았다는 듯, 기탁 형님이 한마디 더 하신다.

"우리 모두 집으로 돌아가는데, 몇몇 분들은 또 가출을 한다
지요? 제발 방황을 그만 멈추시기 바랍니다."

용권이가 말을 받았다. "형수님, 남기 형 또 가출하는데 이번
에는 돌아와도 받아주지 마세요!"

"와하하!" 웃는 대원들. 저런, 돌아와도 받아주는 사람이 없
다면 나더러 어떻게 가출을 하란 말인가!

내일 아침에 일찍 출발해야 하므로 아쉽지만 다들 짐 정리
를 하고 일찍 잠자리에 들기로 했다. 오랜만에 내 방 내 침대
에서 내 베개를 베고 누우니 깊고 달콤한 잠이 쏟아지듯 몰려
왔다. 그런데 다음 날 아침 허 대장으로부터 기가 막힌 소리를
들었다.

간밤에 목이 마른 허 대장이 물을 마시러 주방으로 내려왔다.
그런데 어두운 저쪽에서 두런두런 사람 말소리가 들렸다. 불빛
도 어른거리기에 무슨 일인가 다가가 보니, 세 명의 젊은 남녀
가 차고에서 랜턴을 켜놓고 술을 마시고 있었다는 것! 은광이와
명진이 그리고 얌전한 민경이까지도!

대장을 본 은광이는 "한잔하실래요?" 했다고 한다. 새벽 4시
에 벌어진 일이었다.

덕분에 명진이와 민경이는 서울 가는 비행기 안에서 열 시간 내내 코를 골며 잤다는 후문이 들렸다.

비버가도의 유래

비버에는 크게 두 가지 의미가 있다. 하나는 넙적한 꼬리로 댐 만들기를 하는 동물의 칭호이고 다른 하나는 로키 산맥 언저리에 살았던 원주민 부족의 이름이다. 비버가도의 비버(Beaver)는 바로 동물 이름으로서의 비버다.

사실 비버는 캐나다에서 아주 소중한 존재다. 만일 비버가 없었다면 오늘날 캐나다는 존재하지 않았거나 전혀 다른 모습을 하고 있었을지도 모른다. 비버가 중요한 역할을 한 이유는 이 동물의 털이 물에 잘 젖지 않고 보온력이 뛰어나 모피의 훌륭한 재료가 되기 때문이다. 비버의 털로 만든 비버 햇(Beaver Hat)이 유럽에서 선풍적인 인기를 끌면서 유럽 모피상들이 캐나다로 건너와 원주민 부락을 헤집고 다니며 비버 교역에 나선 것이다. 유럽인이 불모지인 캐나다 땅에 들어온 것은 원주민들과 모피를 교역하기 위한 것으로 보아도 무방하다.

캐나다 땅에서 영국과 프랑스의 힘겨루기가 결국 영국의 승리로 돌아간 것도 따지고 보면 비버 덕분이다. 프랑스 출신으로 캐나다의 뉴프랑스로 건너온 한 청년이 원주민을 통해 엄청난 모피를 구하여 돌아오자 총독은 모피를 압수하고 그를 감옥에 처넣는다. 이에 분개한 청년은 석방 후 영국으로 건너가 왕에게 모피 교역에 나설 것을 설득한다. 이 일로 영국은 엄청난 수의 모피상을 캐나다로 보냈고 캐나다 북부의 대부분을 장악하게 된다. 캐나다에서 영국의 존재가 커진 이유는 이처럼 조국에 배신감을 느낀 한 프랑스 청년의 원한과 비버 모피의 역할이 컸던 것이다.

캐나다 건국과 발전에 지대한 영향을 끼친 비버에 대한 경의의 표시로 캐나다 정부는 5센트짜리 동전에 비버의 그림을 새겨넣었다.

토템폴은 무엇을 말하고 싶은가?

토템폴에 조각된 형상이나 그림은 크게 네 가지 기능을 한다. 첫째, 어떤 스토리를 들려주는 것이다. 둘째, 부족에서 매우 중요한 일을 해낸 특정인을 기념하기 위해서다. 셋째, 자신들이 믿는 샤머니즘의 힘을 과시하기 위해서다. 넷째, 재미있는 형상을 통해 부족원들에게 즐거움을 선사하기 위해서다.

간혹 아주 개인적인 이유로 세워진 토템폴도 있다. 이 경우 기록된 이야기는 주로 누가 누구와 싸웠다거나, 누구에게 빚을 졌다거나, 혹은 누구를 죽였다는 내용이다. 인디언들은 이미 일어난 일들에 대해 많은 말을 하지 않기 때문에 입을 다무는 대신 토템폴에 기록했던 것이다. 물론 글자가 없었던 것도 토템폴을 만드는 계기가 되었을 것이다.

휘슬러는 어떤 곳인가?

스키나 스노보드를 좋아하는 사람이라면 휘슬러란 이름을 한 번쯤 들어보았을 것이다. 북미에선 첫째, 둘째로 꼽는 유명한 스키 리조트가 있는 곳이기 때문이다. 그 명성에 걸맞게 2010년 밴쿠버 동계 올림픽에서 중요한 역할을 수행한 무대이기도 하다. 휘슬러 지역은 연평균 강설량이 무려 9m가 넘는다. 자연설이 풍부하고 해발 2,000m를 넘는 봉우리 또한 많으니 천혜의 스키장 입지조건을 갖춘 곳이다.

휘슬러는 1960년대 99번 하이웨이가 건설될 때까지는 벽촌이었다. 휘슬러 스키장이 들어서면서 도로가 건설되었고 얼마 뒤에는 옆에 위치한 블랙콤까지 스키장으로 개발되었다. 현재는 휘슬러와 블랙콤을 합쳐 200여 개의 슬로프와 33개의 스키 리프트 시설이 갖춰

지면서 엄청난 규모로 발전했다. 그 규모에 걸맞게 사시사철 전 세계에서 사람들이 몰려드는 관광 명소가 되었다.

　매년 200만 명이 넘는 방문객들이 휘슬러를 찾는다. 겨울에는 스키 인파로 만원을 이루고 여름에는 산악자전거를 즐기는 마니아들이 몰려온다. 여름이면 하이킹에 카누, 암벽등반, 래프팅, 윈드서핑, 승마, 낚시 등 다양한 아웃도어를 즐길 수 있다.

휘슬러 클래식카 페스티벌

우리가 휘슬러를 찾았을 때 마침 클래식카 모임이 있어서 요즘에는 보기 힘든 클래식카를 실컷 감상할 수 있었다.

바다에서 바다로 Sea to Sea

'Sea to Sea'는 그랜빌 섬에서뿐만 아니라 밴쿠버 인근 곳곳에서 마치 무슨 슬로건처럼 자주 눈에 띄는 어구다. 캐나다 역사 속에 자주 등장하는 이 말은 무엇을 뜻하는 것일까? '바다에서 바다로'란 '대서양에서 태평양으로'라는 의미로 캐나다 영토가 대서양에서 태평양까지 확장되었음을 말한다. 다시 말해, 브리티시컬럼비아 주가 캐나다 연방에 합류한 사실을 단적으로 표현한 핵심적인 말이다.

밴쿠버 주변 지역에는 원래 두 개의 영국 식민지, 밴쿠버 섬 식민지와 브리티시컬럼비아 식민지가 있었다. 1866년 이 두 개가 합쳐져 브리티시컬럼비아 식민지로 되었다. 그리고 1871년 캐나다연방의 여섯 번째 주가 되었다. 이 과정에서 꼭 알아야 할 비극의 역사도 있다. 캐나다 정부가 브리티시컬럼비아 주에 제시한 대가가 태평양과 대서양을 잇는 철도공사였다. 온더덩크(Onderdonk)란 사람이 중국인 인부 수천 명을 데려와 1882년부터 철도공사에 투입한다. 그것도 가장 위험한 구간에 우선적으로 투입한 것이다. 황금의 땅, 기회의 땅이라는 말에 속아서 온 중국인들은 최소 600명이 눈사태 등으로 죽어 나갔고 임금은 하루에 1달러에 불과했다. 더구나 교통비, 식비, 피복비, 의료비를 제하면 남는 것이 거의 없는 실정이었다. 오죽하면 공사가 끝난 1885년, 고국으로 돌아갈 여비가 없어 캐나다에 눌러앉는 사람들이 많았을까. 우리의 선조들이 일본에 강제징용으로 끌려가서 못 돌아온 것처럼……. 중국 인부들에 대한 노동착취의 단면을 볼 수 있는 이야기다. 훗날 그들은 밴쿠버에 차이나타운을 형성하며 커다란 세력을 형성했다.

가출의 미덕

'가출? 도대체 왜? 무슨 이유로?'

캐나다 여행 내내 'Group Runaway'라고 적힌 우리의 집단 가출 플래카드를 본 사람들은 물음표가 가득한 얼굴로 우리를 쳐다보았다. 사실 해석이 그렇지 'Runaway'는 '가출'보다는 '도주'의 의미가 더 강한 단어다. 외국인 여행객이 캐나다에 와서 집단으로 도주를 하고 있다니 도대체 무슨 죄를 진 것일까?

하지만 우리의 들뜬 표정을 본 사람들은 대번에 그 안에 숨어 있는 위트를 눈치챘다. '아, 이 사람들! 여행을 그냥 여행이라 부르지 않고 '도주'라고 부르다니, 뭔가 재미있는 일을 꾸미고 있는 모양인데!'라고 말이다. 위트에는 위트로 화답하는 게 옳은지라, 이들 역시 살짝 비튼 유머로 우리를 즐겁게 해주었다. 단순히 "해피 런어웨이!"라며 손을 흔들어주었던 사람에서부터 가까이 다가와 대장의 손을 꼭 잡으며 "끝까지 잡히지 마세요!"라고 응원해주던 사람, "가능한 한 집으로부터 멀리멀리 떠나세요."라며 농담 반 진담 반의 조언을 들려주던 사람까지, 참으로 많은 얼굴들이 스쳐 지나간다.

그토록 열망하며 감행했던 가출인데, 결국 우리는 집으로 돌아와 일상을 보내고 있다.

어차피 이렇게 제자리로 돌아갈 텐데 무엇하러 그 난리를 피우며 집단가출을 했었냐고 누군가 묻는다면, 나는 이렇게 대답하고 싶다. "원래 가출이란 난리를 피우며 하는 것이고, 결국에는 집으로 돌아와야 가출의 미덕이 성립하는 것."이라고.

집 떠나 이 고생 저 고생 다 해보고, 힘들어 눈물도 흘려보고, 새삼 고마운 얼굴들, 그리운 얼굴들이 떠오르면서 사무치게 보고 싶어질 때면, 바로 그때가 가출인들이 집으로 돌아가야 할 때다.

돌아온 탕아를 내쫓지 않고 따뜻하게 맞이해준 우리의 가족들에게 가장 큰 고마움을 보낸다. 그들의 인내와 이해심이 없었다면 우리의 집단가출은 애초에 시작되지도 못했을 것이다.

지금도 허 대장의 "행복해지려고 한다…….."는 말이 귓가에 계속 맴돈다. 좋은 사람들과 이토록 좋은 여행지에서 이보다 더 좋은 시간을 함께 보낼 날이 또 올까? 물론 그렇게 되리라고 믿는다. 왜냐하면 우리에겐 아직도 올라야 할 낮은 산들이 있고, 더욱이 함께 나누고 싶은 아름다운 마음들을 늘 간직하고 있기 때문이다.

이남기

허영만
만화가

남기탁
약사

이남기
개인 사업가

정용권
개인 사업가

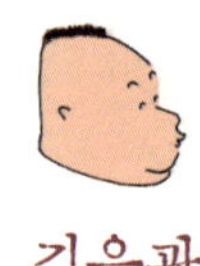

김은광
프로 스노보더

이호준
《식객》 취재 팀장

주명진
회사원

이민경
회사원